MARCO ⊕ POLO
SCHWARZWALD

Reiseführer mit Insider-Tips

Fünf Symbole sollen Ihnen
die Orientierung in diesem Führer erleichtern:

für Marco Polo Tips – die besten in jeder Kategorie

für alle Objekte, bei denen Sie auch eine schöne Aussicht haben

für Treffpunkte für junge Leute

(A 1)
Koordinaten für die Übersichtskarte

*Die Marco Polo Route verbindet die schönsten Punkte des
Schwarzwalds zu einer Idealtour.*

*Diesen Führer schrieb Norbert Lewandowski.
Der Münchner Journalist und Buchautor ist in
Südwestdeutschland aufgewachsen und kennt den Schwarzwald
wie seine Westentasche.
Die Marco Polo Reihe wird herausgegeben
von Ferdinand Ranft.*

MAIRS GEOGRAPHISCHER VERLAG

MARCO ⊕ POLO

Für Ihre nächste Reise gibt es folgende Titel dieser Reihe:

Die Marco Polo Redaktion freut sich, wenn Sie ihr schreiben:
Marco Polo Redaktion, Mairs Geographischer Verlag
Postfach 31 51, D-73751 Ostfildern

Unsere Autoren haben nach bestem Wissen recherchiert. Trotzdem schleichen sich
manchmal Fehler ein, für die der Verlag keine Haftung übernehmen kann.

Titelbild: Mädchen mit Bollenhut (Schuster/Bull)
Fotos: Amberg: Amberg (81, 82, 85), Schraml (89); Freyer (58); Lade: BAV (10), Mathyschok
(9), Renner (Umschlagklappe vorn), S.K. (16), Strittmatter (64, 72); Mauritius: Mehlig (54),
Otto (39), Pokorny (4), Schwarz (37), Vidler (7), Waldkirch (50); Ott (20); Radkai (96);
Schapowalow: Huber (30), Kähler (9, 26), Kirsch (63), Rosenfeld (22), Waldkirch (25); Storto
(6, 77); Transglobe: Ague (44), Blume (14)

2., aktualisierte Auflage 1993
© Mairs Geographischer Verlag/Hachette
Gestaltung: Thienhaus/Wippermann (Büro Hamburg)
Kartographie: Mairs Geographischer Verlag

Printed in Germany
Gedruckt auf 100% chlorfreiem Papier

INHALT

Entdecken Sie den Schwarzwald!

Die sagenumwobene Landschaft mit ihren hochaufragenden Berggipfeln, dunklen Wäldern, ihren tiefen Schluchten und weiten Tälern

Jeder Bär hat seine Höhle, sagt Goethe. Meine liegt unterhalb der Hornisgrinde, und es ist gar keine richtige. Dunkel wölbt der Wald ein Dach gegen den blauen Himmel. Weiter unten blinkt der Mummelsee wie Silber auf einer Leinwand der schwarzen und anthraziten Töne. Stille überall, jetzt schweigen auch die Vögel. Und das Klischee wird seinem Namen gerecht. Schwarzer Wald. Ist er wirklich schwärzer als andere?

Der Name stammt aus früherer Zeit, als der Wald noch Wald war. Und da war er in der Tat eine riesige undurchdringliche Wand diesseits des Rheins gegen Osten. Unermeßlich war sein Holzreichtum, und er machte mit ihm die Menschen wohlhabend. Sein finsteres Image war wie eine Tarnkappe über dem Segen, den er brachte. Erze, Silber, Blei kamen aus seiner Erde. Er stand nur schwarz da — und schenkte und schenkte. Und doch rufen Engländer und Ame-

Schwarzwald-Mühle im Hexenloch, südlich von Furtwangen

rikaner nach dem »Black Forest Man«, wenn ihre Kinder unartig waren und ein böser Geist die Ordnung wiederherstellen muß. Nun gut, sie wissen es nicht besser. Die Geister der Schwarzwälder sind da völlig anders. Meist klein und wuselig, entpuppen sie sich als beste Freunde der Menschen, die kleinen Nixen, Erdmännli, Wassermännle, Baumwichtel, Gnome, die uns allerlei über den Bergbau, das Geheimnis des Glasblasens und der Dachschindel-Fertigung verraten haben. Oder sie haben ganz einfach nur den armen Bäuerinnen bei der Hausarbeit geholfen. Die Pflege einer solch humanen Märchen- und Sagenwelt verrät eine tiefe Dankbarkeit der Menschen der Natur gegenüber, dem Wald, der sie ernährte und noch immer ernährt.

Schon im 5. Jh. v. Chr. war der Schwarzwald von den Kelten bewohnt. Im 1. Jh. v. Chr. vermischten sie sich mit den eindringenden Römern. Die gebildeten Fremden vom Mittelmeer nutzten das Geschenk, das der Schwarzwald für sie bereithielt. Sie bauten Thermen, die von warmen Mineralquellen am westlichen Gebirgsrand gespeist wurden. Sie zeigten damit den Weg, den ihre alemannischen Nachfolger allerdings erst 1000 Jahre später einschlagen sollten. Immerhin wußten die Menschen jetzt um die Heilquellen des Schwarzwalds.

Um das Jahr 1000 begann die planmäßige Rodung und Besiedlung des Gebirges. Die ersten Klöster entstanden in Gegenden, wo vorher noch undurchdringlicher Wald war: St. Georgen, St. Blasien, Hirsau, St. Peter. Schnell lernte man, über die Schwarzwald-Flüsse Neckar, Enz, Murg, Nagold und Kinzig und schließlich über den Rhein den ungeheuren Holzreichtum dort hinzubringen, wo er dringend gebraucht, wo Schiffe gebaut wurden: in die Niederlande. Mag sein, daß so die Mär vom riesigen, finsteren Schwarzwald-Geist entstanden ist, denn die Flößer (aber auch die Köhler) waren allesamt kräftige rauhe Burschen mit breiten Schultern und schwarzen Bärten. Doch böse waren sie nie. Für ihre Familien riskierten sie jeden Tag bei der gefährlichen Arbeit ihr Leben. Und als die Eisenbahn die engen Täler eroberte und die Flößerei unrentabel wurde, haben manche der ungehobelten Kerle vor Not und Arbeitslosigkeit bitterlich geweint. Etliche sind nach Amerika ausgewandert, andere haben sich neue Gewerbe erschlossen.

Die Uhrenindustrie hatte sich schon eine ganze Zeit lang im Schwarzwald etabliert und einen blühenden Wirtschaftszweig hervorgebracht, als die Krise im Holzhandel, in der Flößerei begann. Zugleich entwickelte sich in den Orten mit Heilquellen (in Baden-Baden und Badenweiler schon wesentlich früher) ein Bäder- und Kurtourismus, der die Zukunft der Region auf die nächsten 100 Jahre bestimmen sollte. Der Schwarzwald wurde als Idyll entdeckt, der schöne schwarze Wald mit seinen Bergen, den Wasserfällen, den Schwarzwaldhäusern und den Menschen, die komische Hüte trugen und einen harten Dialekt mit vielen Kehllauten sprachen. »Schwarzwald« war auf einmal ein Synonym für die

Die hochmoderne Caracalla-Therme in Baden-Baden

schöne deutsche Heimat, wie Oberbayern oder die Lüneburger Heide. Das erste große Filmepos über den Schwarzwald und seine Schicksale war die harmlose TV-Serie »Forellenhof«, noch im Schwarz-Weiß der 50er Jahre. Halb Europa und ganz Amerika schwärmte von der Kuckucksuhr, der Schwarzwälder Kirschtorte und dem Schinken. Irgendwann Ende der 70er Jahre ließ der Boom nach. Gott sei Dank gab es einen Fernseh-Produzenten, der die »Schwarzwaldklinik« ersonnen hatte und damit wieder einmal halb Europa in Gefühlen über die Schönheit des Waldes schwelgen ließ oder im Herzschmerz des Sonnenuntergangs zu Tränen rührte. Da fuhren die Busse wieder los, und ganze Heere stürmten die Täler, die Höhen, die Wasserfälle, vor allem aber das Glottertal.

Nun ist es wirklich nicht so, daß der Schwarzwald jemals Mallorca erreichen könnte, was die Urlauberflut anbelangt. Er ist längst auf die Ferienwünsche von Individualreisenden eingerichtet, bietet doch die Region Möglichkeiten wie kaum eine andere. Es gibt das reine Waldgebiet von Pforzheim im Norden bis Waldshut im Süden. Es gibt eine Vielzahl von Heilbädern und Luftkurorten, engen

Die Stadt Wolfach im Kinzigtal erlangte durch die Flößerei beachtlichen Wohlstand

Schluchten und Tälern. Der Schwarzwald ist ein relativ schneesicheres Wintersportgebiet mit Pisten, Loipen, Liften, kurz der entsprechenden Infra-Struktur. Und Sie finden am Westrand eine liebliche Weinlandschaft vor, die durchaus mit der Toskana konkurrieren könnte. Schwarzwald-Straßen sind weltberühmt: Nehmen wir nur die Schwarzwald-Hochstraße oder die Badische Weinstraße. Und in den letzten 15 Jahren hat sich die Gastronomie derart gemausert, daß ganz klar gesagt werden muß: Hier ist die beste Küche Deutschlands zu Hause. So setzt seit einem Jahrzehnt ein

Geschichtstabelle

20 000–1800 v. Chr.
Erste Steinzeit-Siedlungen
in der Nähe des heutigen Bad
Säckingen

Um 500 v. Chr.
Erste Keltenniederlassungen im
Breisgau

1. Jh. n. Chr.
Die Römer kommen an den
Oberrhein und bauen aus
Furcht vor germanischen Über-
fällen den Grenzwall Limes

260 n. Chr.
Franken und Alemannen
überschreiten den Limes

643
St. Trudpert, das erste
rechtsrheinische Kloster, wird
gegründet. Benediktinermön-
che besiedeln die Randzonen
des Schwarzwalds

1120
Die Herzöge v. Zähringen
gründen Freiburg

Ab 1200
Erster Silber- und Eisenerz-
bergbau im Schwarzwald

Ab 1525
Die Bauernaufstände des
Bundschuhs und die Reforma-
tion erschüttern die Region

1676
Johann Jacob Christoph von
Grimmelshausen, der erste
deutsche Romancier (»Simplicius Simplicissimus«), stirbt in
der Ortenau (Renchen)

17. Jh.
Die Schwarzwald-Flößerei
gewinnt an Bedeutung

1806
Landes-Neugliederung unter
Napoleon. Baden wird
Großherzogtum

1817
Beginn der Regulierung des
Oberrheinlaufs

1871
Gründung des Deutschen Rei-
ches. Von der wirtschaftlichen
Blüte Badens bekommt der
Schwarzwald jedoch nur
wenig mit

1891
Anfänge des Wintersports auf
dem Feldberg

1945
Nach Kriegsende gehört der
Schwarzwald zur französi-
schen Besatzungszone

1952
Aus den Ländern Württem-
berg-Baden, Baden und
Württemberg-Hohenzollern
entsteht das neue Bundesland
Baden-Württemberg mit der
Hauptstadt Stuttgart

1976
Proteste der Bevölkerung
verhindern den Bau des
Kernkraftwerks Wyhl am
Oberrhein

1982
Die umstrittene Flurbereini-
gung der Weinterrassen des
Kaiserstuhls ist abgeschlossen

1991
Über 4,5 Millionen Gäste
kommen in den Schwarzwald,
20 Millionen Übernachtungen
werden gezählt

Edeltourismus zu den heiligen Kochtöpfen in Baiersbronn, Oberbergen und sonstwo ein. Sogar Franzosen aus dem benachbarten Elsaß kommen herüber.

Badische Weine, heißt es, seien von der Sonne besonders verwöhnt. Der Weinrebell Franz Keller vom Kaiserstuhl hat sicherlich seinen Verdienst daran, daß die Tropfen dieses Anbaugebiets trocken, elegant, voller Kraft und Bouquet sind.

Der Schwarzwald — ein ungetrübtes Idyll? Meine Höhle ist längst nicht mehr so schwarz, so dicht, das uneinnehmbare Exil. Der Himmel wird immer deutlicher sichtbar, und die meisten Tannenäste und -zweige recken sich wie anklagend empor. Der Wald stirbt. Saurer Regen, Abgase aus Industrie und Autos bewirken, was der Mensch mit Muskelkraft nicht geschafft hat. Umweltschützer sprechen davon, daß bereits über 50 Prozent des Waldes todkrank seien. Ihre Widersacher behaupten, es seien

Winterlandschaft bei Neukirch im Hochschwarzwald

unter 50 Prozent, ein Argument, genauso verrückt und verbrecherisch wie die Zerstörung selbst. Bekämpfen wir etwa einen Feind, der vernichtet werden muß? Oder richtet die Menschheit einen Freund zugrunde, der nicht klagt und nicht schreit? Der uns aber irgendwann mitzieht in sein Grab.

Kloster Hirsau bei Calw

Vom Bollenhut und der Schwarzwalduhr

Wissenswerte Details über Brauchtum und Landessitten für Schwarzwaldurlauber

Alemannische Gedichte

Obwohl in Basel geboren, gilt Johann Peter Hebel (1760–1826) als der badische Dichter schlechthin. Der Geistliche, Prälat der Evangelischen Kirche von Baden, Gymnasiallehrer in Karlsruhe und Ehrendoktor der Universität Heidelberg ist der Autor der berühmten Lesebuch-Erzählung »Kannitverstan« und damaliger Herausgeber des Bauernkalenders »Der Rheinländische Hausfreund«. Vor allem aber ist J. P. Hebel bekannt als der volkstümliche Verseschmied der »Alemannischen Gedichte«, dem poetischen Standardwerk dieser harten südlichen Mundart: humorvoll, volksvertraut, aus dem Leben gegriffen, auch dem Genuß ergeben — *und's Lebe freudig verbruche / Trübli esse / Neue trinke / Chestene brote!* Was heißt, daß man sein Leben genießen solle, zum Beispiel bei neuem Wein und gerösteten Kastanien.

Schindelmacher bei der Arbeit. Er fertigt die Dachschindeln für das weltberühmte Schwarzwaldhaus, das im 16. Jh. entstand

Bollenhut

Der allseits bekannte Hut für das Mädle aus dem schwarzen Wald: 14 Woll-Bollen türmen sich wie niederbayerische Semmelknödel auf dem Hutkopf. In Rot für das Fräulein, in Schwarz für die verheiratete Frau. Streng genommen gehört er nur zur Gutacher Tracht, doch haben ihn erzürnte Traditionshüter bereits zu Pußtastiefeln gesichtet, z. B. auf einer Landwirtschafts-Ausstellung in Berlin. Die baden-württembergische Landesregierung wurde zur Bekämpfung dieses Mißbrauchs eingeschaltet, sogar das Patentamt. Leider sind die Bollen nicht gesetzlich geschützt. Jede kann sie tragen, wo sie will. Sogar auf dem Kopf.

Donauquellen

Es geht um den Ursprung der schönen blauen Donau (2773 km lang) — und wieder um einen kleinen Streit. Die östliche Schwarzwaldstadt Donaueschingen behauptet, daß der Fluß in der Nähe der Stadt entspringe und beruft sich dabei auf den römischen Geschichtsschreiber Plinius d. Älteren, der die Quelle neben einem Flußbett gesehen haben will. Alles ganz falsch, kontern die Kritiker, wo doch schon die Schulkinder lernen: »Brigach und Breg, bringen die Donau zuweg!« Und bei Donaueschingen fließen lediglich die beiden Schwarzwaldflüßchen zusammen. Doch welcher gilt als der eigentliche Quellfluß? Immer nur der längste und wasserreichste, sagt ein Gutachten der Uni München. Und das ist mit 48,5 km Länge eindeutig die Breg, die bei der Martinskapelle oberhalb von Furtwangen entspringt.

Gelbfüßler

Der Schwarzwald ist überwiegend badisch, aber auch — man muß es sagen — zum Teil württembergisch. Beide Volksgruppen pflegen liebevoll ihre gegenseitigen Aversionen. Die Badener schimpfen die Württemberger »Sauschwobe«, die revanchieren sich mit »Badenser«, vor allem aber mit »Gelbfüßler«. Nun gibt es zwei Versionen von der Entstehung dieses hübschen Namens. Die Badener behaupten, er beziehe sich auf ihre gelb-rot-gelbe Flagge. Die »Sauschwobe« wiederum beschäftigten sich etwas eingehender mit dem Scharfsinn ihrer geliebten Gelbfüßler: Einst, als noch Eintracht herrschte zwischen beiden Volksstämmen, wollten sechs Schwaben und ein Badener eine Fuhre roher Eier über die Alb transportieren. Doch wie bekommt man so viele Eier wie möglich auf das Fuhrwerk? Der Badener hatte eine geniale Idee: Man müsse sie nur tüchtig mit den Füßen feststampfen, dann gingen ganz viele Eier aufs Fuhr-

werk. Sprach's, tat's — und ward der erste Gelbfüßler.

Hemingway

Man hört den Namen des berühmten Schriftstellers und Literatur-Nobelpreisträgers nicht besonders gern im Schwarzwald. 1922 besuchte Hemingway als 23jähriger Europa-Korrespondent des »Toronto Daily Stars« einige Tage mit Frau und Freunden den Gasthof *Rössle* in Oberprechtal. Später schrieb der junge Journalist in seiner Reportage: » . . . alle diese Gasthäuser sind weiß getüncht und sehen von außen ordentlich und sauber aus, aber innen sind sie schmutzig, eins wie das andere. Die Bettlaken sind kurz, die Federbetten klumpig. . ., das Bier gut, der Wein schlecht . . . und der Misthaufen dampft unter den Schlafzimmerfenstern. Das *Rössle,* in dem wir einkehrten, verfügte über alle diese Kennzeichen, und über einige mehr: Es gab hier eine ordentliche Mahlzeit aus gebratenem Fleisch, Kartoffeln, grünem Salat und Apfelkuchen, vom Wirt selber aufgetragen, der unerschütterlich wie ein Ochse aussah und mitunter mit dem Suppenteller in der Hand stehenblieb und wie abwesend aus dem Fenster starrte. Seine Frau hatte ein Kamelgesicht, genau die unverwechselbare Kopfbewegung und den Ausdruck äußerster Stupidität, die man nur bei Trampeltieren und süddeutschen Bauersfrauen beobachten kann.«

Hermann Hesse

Ein anderer Dichter, ein anderes Wort. »Zwischen Bremen und Neapel, zwischen Wien und

Singapore, habe ich manche hübsche Stadt gesehen, Städte am Meer und Städte hoch auf den Bergen … Die schönste Stadt von allen aber, die ich kenne, ist Calw an der Nagold.« So schrieb Hermann Hesse, Literatur-Nobelpreisträger und meistgelesener deutscher Autor. Er wurde 1877 in Calw geboren und verbrachte seine Jugendjahre an der Nagold. Später hatte seine Heimatstadt ein recht gespaltenes Verhältnis zum berühmten Sohn, der ins Exil in die Schweiz gegangen war. So mokierte sich ein Zeitgenosse, daß der junge Hesse tagsüber nie viel getan habe, ein bißchen in der Nagold gefischt, ein bißchen sinniert, ein bißchen gedichtet. Später wurde sogar der erste Antrag, ein Gymnasium nach ihm zu benennen, vom Stadtrat abgelehnt. Begründung: Hesse sei ein fauler Schüler gewesen und kein Vorbild. Der Dichter starb 1962 in Montagnola im Tessin als Schweizer Staatsbürger, und nunmehr gibt es in Calw ein Hesse-Museum, Hesse-Stätten, eine Hesse-Ausstellung, einen Hesse-Preis und natürlich auch ein Hesse-Gymnasium.

Hornberger Schießen

Es war im Sommer Anno 1564, als der Herzog von Wurttemberg das Schwarzwaldstädtchen Hornberg besuchen wollte. Die Bürger beschlossen, den Landesherren mit etlichen Böllerschüssen zu empfangen. Nun warteten die Schützen, die Sonne schien, der Wein floß, und auf einmal hatte einer die Idee, die Geschütze doch vorher auszuprobieren, damit man sich bei der herzoglichen Ankunft nicht blamiere. Nun wurde geschossen, alles funktionierte wunderbar, und wieder floß der Wein. Als aber der Herzog in das Städtchen einritt, stellte sich heraus, daß das ganze Pulver schon verschossen war. Die Kanoniere stellten sich also auf und riefen »Piff-paff« ins Tal. Seither sagt man von einer Sache, die groß vorbereitet wurde und dann aber kläglich scheitert, daß sie endet wie das Hornberger Schießen. Hornberg ist heute ein hübscher Erholungsort mit einer Pilzlehrschau. (D 8)

Industrie

Die traditionelle Holzindustrie ist nach wie vor eine wichtige Erwerbsquelle der Schwarzwälder (Sägewerke, Papierfabriken). Bis zum Ende des 19. Jhs. gab es eine florierende Glasherstellung. Darüber hinaus war der Schwarzwald bekannt für seinen Bergbau (Eisenerz, Bleiglanz, Zinkblende, Silber) und die angeschlossene metallverarbeitende Industrie (Hammerwerke, Löffelschmieden usw.). Schwerpunkte der heutigen Industrie bilden elektrotechnische und feinmechanische Fabrikationsstätten, wie z. B. die Waffenschmieden »Heckler und Koch« und »Mauser« in Oberndorf sowie die Uhrenproduktion.

Kuckucksuhr

Im Elend nach dem 30jährigen Krieg sollen sich die Bauern zwischen Lenzkirch, Triberg, St. Peter und St. Georgen mit primitivem Werkzeug ans »difteln« gemacht haben, was soviel heißt wie tüfteln. Dabei sind sogenannte Waaguhren entstanden.

Kuckucksuhren wurden erstmalig vor über 250 Jahren hergestellt. Die Geschichte ist nämlich

Wertvolle Sammlerstücke im Deutschen Uhrenmuseum in Furtwangen

folgende: Es war einmal ein Uhrmacher, dem fiel bei seinem Waldspaziergang ein junger Kuckuck aus dem Nest vor die Füße. Er hat ihn nicht gleich aufgegessen, sondern nahm ihn mit nach Hause, pflegte und zähmte den Vogel. Der Kuckuck dankte es ihm. Schon bald imitierte er das Schlagen der vielen Uhren in der Werkstatt, dabei hockte er sich auf seine Lieblingsuhr. Da wurde dem braven Uhrmacher ganz warm ums Herz, und ihm kam eine Idee.

Tatsächlich wurde der mechanische Kuckucksruf aus einer technischen Not heraus geboren. 1730 stellte ein gewisser Franz Ketterer aus Schönwald fest, daß es keinen anderen Vogel gibt, dessen Ruf nur aus zwei Tönen besteht und der noch harmonisch klingt. 1790 wurden bereits 110 000 Uhren in den Handel gebracht. Den Vertrieb übernahmen die Uhrenträger, die ihre Produkte in der Kiepe durch halb Europa trugen.

Libli

O là là, wir sind beim Samtmieder der Gutacher Tracht angelangt. Also das »Libli«, soviel sei noch verraten, ist das Leibchen des Mädle aus dem schwarzen Wald.

Narrensprung

Rottweiler Fastnachtsbrauch. Am Rosenmontag und Fastnachtsdienstag strömen Schlag acht Uhr morgens über 1000 alemannisch kostümierte Narren mit Peitschenknall und Schellengetöse durch das Schwarze Tor in die alte Stadt ein.

Schwarzwaldhaus

Das typische, in der Zwischenzeit weltberühmte Schwarzwälder Walmdachhaus, eine durchgehende Holzkonstruktion, entstand im 16. Jh. Dabei spielten ästhetische Gesichtspunkte kaum eine Rolle, sondern durchweg nur praktische. Daß auch ein besonders schöner Baustil entstand, versteht sich von selbst: Die Summe natürlicher Bedürfnisse ergibt stets ein harmonisches Bild. So auch beim Schwarzwaldhaus: Sein mächtiges, bis zu 45 Grad geneigtes Dach (mit Stroh oder Holzschindeln gedeckt) schützt das Gebäude vor Regen, Wind und Schneemassen. Die Rückfront wurde gegen eine Rampe gebaut, von der aus der Bauer direkt mit seinem Fuhrwerk in den Speicher des Hauses fahren kann. Er ist riesig, denn hier wird das Heu für das Vieh eingelagert. Der Wohnbereich besteht aus den Schlafzimmern, der Vorratskammer, der Küche und − als Mittelpunkt − der Wohnstube. Sie wird im Winter vom Kachelofen beheizt.

In die Holzwände ritzten die Bauern in früheren Zeiten gern Hexenknoten und andere heidnische Symbole, die sie vor jenen Geistern schützen sollten, die das allabendliche »Wässerle« gerufen hatte.

Schwarzwaldklinik

Prof. Brinkmann, seine Gemahlin, sein Sohn und sein Ärzteteam haben unendlich viel für den Schwarzwald getan – PR-mäßig. Ab 1985 flimmerte die Schönheit dieser Landschaft allwöchentlich auf dem TV-Schirm – ein Gassenfeger. Zeitweise saßen über 20 Mio. Deutsche gebannt vor dem Fernseher und konnten sich an den kleinen Dramen und Happy-Ends aus der Schwarzwaldklinik nicht sattsehen. Hunderttausende pilgern noch heute an den Ort des Geschehens: ins Glottertal. Die Klinik gibt's wirklich, sie ist ein Rehabilitationszentrum der Landesversicherungsanstalt Baden, eine richtige schöne Kurklinik. Das traute Schwarzwald-Heim Prof. Brinkmanns liegt allerdings etwa 100 km weiter südlich: das Heimatmuseum »Hüsli« in Grafenhausen bei Waldshut, ein historischer Bauernhof, in dem sich all die Geschichten dokumentiert finden, die das wahre Leben geschrieben hat.

Tschechow

Der russische Dichter Anton Pawlowitsch Tschechow, geboren 1860 in Taganrog, verbrachte seine letzten Lebenswochen im südbadischen Kurort Badenweiler. Der Autor von »Drei Schwestern« und »Der Kirschgarten« starb dort am 15. Juli 1904, erst 44 Jahre alt.

Uran

Um ein Haar wäre der Feldberg zu einer tristen Stollen- und Abraumhalden-Wüste verkommen. Doch Gott sei Dank hat wieder einmal das vernünftige Denken der Schwarzwälder gesiegt. Die Geschichte: 1957 fanden zwei Freiburger Geologiestudenten im Feldberggebiet Uranspuren. Kurze Zeit später stand die Experten-Analyse fest: Hier liegen 5000 Tonnen Natururan, die größten Vorkommen in Europa. Goldgräberstimmung. Doch schon bald wich die Euphorie einer gesunden Skepsis. Zwar trieb man im Bergwerk »Gewerkschaft Brunhilde« einen 250 m tiefen und 3,5 km langen Stollen ins Massiv, doch gegen den Uran-Abbau entstand eine überparteiliche Allianz von CDU-, SPD-, FDP- und Grünen-Politikern, inklusive der erzkonservativen und ultralinken Kreise. Als dann in der Gemeinde Menzenschwand die Rechnung aufgemacht wurde, daß man doch lieber 250 000 Übernachtungen im Jahr hätte, als riesige Abraumhalden, war das ehrgeizige Uran-Projekt auch schon gestorben.

Waldsterben

Ein großes Problem, vor dem man nicht die Augen verschließen darf: Der Schwarzwald ist sehr betroffen. Annähernd 50 Prozent der Bäume in den höheren Regionen sind schwer erkrankt. Ursache: saurer Regen, verpestete Luft. Wenn die Umweltbedingungen nicht schnell wesentlich besser werden, so das einhellige Urteil der Fachleute, sind in einigen Jahren die Bergrücken des Schwarzwalds kahl.

Schwarzwälder Schinken, Bibeleskäs und Most

Das gibt es zum Veschper, der badisch-schwäbischen Brotzeit am frühen Abend

Damit sind wir, mal abgesehen von der landschaftlichen Schönheit, bei den eigentlichen Vorzügen des Schwarzwalds. Wobei grundsätzlich noch anzumerken ist, daß man eine häßliche Gegend mit einer guten Küche für einen gewissen Zeitraum zu ertragen vermag, doch eine schöne Umgebung mit einer miesen Küche – das wäre ein echter Härtefall. Alles Theorie! Wir sind im Schwarzwald oder an seinen Hängen zum Rheintal, und besser ißt man nirgendwo. Ohne Übertreibung: Dieser Region gebührt die Krone der deutschen Kochkunst. Na ja, wenn wir ganz gerecht sind, so hat die französische Eßkultur auch schon noch ihren Verdienst daran. Das Elsaß liegt gegenüber, und sein Einfluß auf die feine badische Küche ist einfach unübersehbar. Ähnlich wie im Elsaß sind in unserem Reisegebiet gute bis sehr gute Restaurants dicht

Gasthaus in Nagold

gesät. Der deutsche »Michelin 92« vergab an 28 Lokale des Schwarzwalds/Oberrheins mindestens einen Stern. Sie sehen, daß der typischen Sparsamkeit des Schwarzwälders auch Grenzen gesetzt sind.

Nach altem Brauch wird am Tag fünfmal gegessen, das halten aber nur noch die Bauern so, den Rest der Bevölkerung hat die Diäten-Kultur auf den rechten Weg gebracht. Fünfmal also, warum sollte man es nicht mal probieren?

1. Das erste Frühstück wird unmittelbar nach dem Aufstehen eingenommen. Eine Tasse Kaffee oder frische Milch, eine Scheibe Brot mit frischer Butter oder köstlicher hausgemachter Marmelade. Man muß nur früh aufstehen, um diesen Fünfer-Rhythmus einhalten zu können, denn gegen neun Uhr kommt das zweite Frühstück:

2. Z'Nüni, diesmal etwas deftiger. Bauernbrot, Speck, Schinken und manchmal sogar einen kleinen Obstbrand.

3. Gegen 12 Uhr folgt das Mittagessen, warm versteht sich, mit Suppe, Hauptgericht und einem kleinen Nachtisch. Und weil's so gut geschmeckt hat, kommt zwischen drei und vier das . . .

4. Veschper, die badisch-schwäbische Brotzeit mit etwas Schinken oder auch Käse mit luftgetrockneten Würsten, hausgemachtem Schwartenmagen, einem Lyoner oder Straßburger Wurstsalat, kräftigem Bauernbrot und Most.

5. Das Abendessen kommt zwischen 19 und 20 Uhr auf den Tisch, in der Regel warm. Es wird mit zwei oder drei Obstwässerle abgeschlossen.

Diesen *timetable* kann auf Dauer nur der hartgesottene Gierhals durchstehen. Wir wollen daher die landesüblichen Spezialitäten im einzelnen aufführen, um selbst einen kulinarischen Tagesablauf festzulegen, der nicht allzu sehr Leber- und Cholesterinwerte streßt.

Beginnen wir mit den *Suppen*, die besonders der Alemanne so liebt: die Metzelsuppe (Schlachtsuppe), die gebrannte Mehlsuppe mit süßen Birnenschnitzen, das feine badische Schneckensüppchen, die Specksuppe, die »brennte« Griessuppe (in Butter angerösteter und mit Fleischbrühe abgelöschter Gries), die Flädlesuppe (Fleischbrühe mit Pfannkuchenstreifen darin), die Hechtklößchensuppe, das Pilzsüppchen, verschiedene Gemüsesuppen oder gar einen deftigen Linseneintopf mit Spätzle, der dann allerdings ein Hauptgericht ist.

Fischgerichte gibt's in vielerlei Variationen, wobei es sich meist um Süßwasserfische handelt.

Am bekanntesten ist »Forelle blau«, die in fast jedem Schwarzwälder Gasthof serviert wird. Sie können in einigen Lokalen aber auch Röllchen vom Zander mit Flußkrebsen bestellen.

Eine andere ausgesprochen delikate Vorspeise ist der berühmte *Schwarzwälder Schinken*, der nach einem dreiwöchigen Bad in der Salzlake noch bis zu vier Wochen über Tannennadeln geräuchert wurde: außen schwarz, innen rosa bis rostrot, unvergleichlich im Geschmack und unbedingt einen Versuch wert.

Ein Blick auf die *Fleischgerichte* des Landes: Schäufele (geschmorte Schweineschulter), Schälripple (Rippchen, oft mit Kohlgemüse verkocht), gefüllte Kalbsbrust, eingemachtes Kalbfleisch (Fleischwürfel in einer weißen Sauce), badisches Rahmschnitzel, Schlachtplatte (Blut- und Leberwurst, Kesselfleisch, Speck, Kartoffeln und Kraut), Rostbraten, Ochsenfleisch in Meerrettichsauce, Siedfleisch (gekochte Rinderbrust), Kinnbäckle (Schweinebacken), Briesle (Kalbsbries), gefüllte Tauben oder Mistkratzerle (Hähnchen) — die Wahl fällt schwer. Im Herbst kommen dazu noch die *Wildspezialitäten* auf den Tisch: Hasenragout mit Backpflaumen, Wildente mit Sauerkirschen, Fasan auf Weinkraut, Rehrücken Baden-Baden oder ein Braten vom jungen Wildschwein. Die Saucen dazu sind fast überall ein Gedicht. Man kocht mit Wein und einem sicheren Gespür für die richtige Dosierung von Kräutern und Gewürzen.

Wenden wir uns der Hauptsache zu — den *Nudeln*, die zu fast jedem Gericht gereicht werden:

18

Spätzle, Riebele, Flädle, Knöpfle usw. Oft sind sie auch das Hauptgericht, wie bei den Kässpätzle (Spätzle mit geschmolzenem Käse und gerösteten Zwiebeln, herrlich!) oder den Schupfnudeln (auch Buabaspitzle genannt), kleinen Würstchen aus Kartoffelteig, Eiern und Mehl, in Wasser gekocht und dann in Schmalz mit Speck und Sauerkraut geröstet. Dann die Maultaschen, die »Wasserleichen in der Fleischbrühe« (Thaddäus Troll), mit Spinat, Brät (Bratwurstfüllung), Hackfleisch und Schinken gefüllt. Dazu gibt's Kartoffelsalat (ohne Mayonnaise).

Endlich, der *Nachtisch*: Obstkuchen und -torten aller Art, inklusive der Schwarzwälder Kirschtorte, ebenso berühmt wie die Kuckucksuhr. Doch es gibt noch mehr, z. B. Apfelküchle (Apfelschnitzel in Pfannkuchenteig getunkt und in Schmalz ausgebakken), Hollerküchle (Holunderblüten in Teig getaucht und ebenfalls ausgebacken), versoffene Jungfern (Knödel aus alten Semmeln, Eiern, Zucker, Milch, Zimt und Semmelbrösel, in Butter gebacken und in einer Rotweinsauce serviert) und diverse Weincremes.

Wein

An den Schwarzwaldhängen zum Oberrheintal wächst jener Wein, der bekanntlich von der Sonne verwöhnt wird. Hier ist das zweitgrößte deutsche Weinanbaugebiet: Die Badische Weinstraße führt ab Baden-Baden in den Süden. Sie durchquert die Ortenau, führt durch den Breisgau und die Terrassen des Kaiserstuhls. Südlich von Freiburg erstreckt sich das Markgräfler Land mit seinen herrlichen, kräftigen Weißweinen.

Das ganze Land »pfetzt« und »schlotzt«, das hört sich schlimmer an als es ist: genüßliches Süffeln. Die gängigste Rebart im Kaiserstuhl und im Markgräfler Land ist der Gutedel — ein spritziger Wein mit milder Säure. Sehr beliebt sind auch die Weißherbst-Weine (Rosé) des Kaiserstuhls. Ein kräftiger Traminer-Weißwein aus der Ortenau ist der Clevner, vorzugsweise von den Hängen um Schloß Staufenberg bei Durbach. Auch die anderen Sorten gedeihen prächtig: der rassige Riesling, der gehaltvolle Ruländer, der feinblumige Silvaner oder der frische Müller-Thurgau. In Baden werden auch beachtenswerte Spätburgunder-Rotweine produziert — ideale Begleiter zu Wild und Käse.

Obstschnäpse

Zwischeduri trinkt der Schwarzwälder sein Wässerle, d. h. nach dem Essen, auch während des Essens, bei einer Erkältung, bei Kopfweh, bei Zahnschmerzen, bei Ehekummer, bei Vollmond usw. Was brennen sie für feine Obstschnäpse! Zentrum ist Oberkirch mit rund 900 (!) Brennereien: Zwetschgenwasser (Sie sollten einmal den Obstschnaps von den wilden Zwetschgen probieren! Er heißt Ziebärtle.), Himbeergeist, Birnenwasser, Mirabellengeist, Treber (aus Weintrester wie italienischer Grappa), Topinambur (ein Kartoffelschnaps, hier Rossler genannt), Weinhefe-Schnaps — und natürlich »s' Chriesewässerle«, das klassische Schwarzwälder Kirschwasser, der Brand für den Sonntag.

Kuckucksschrei auf chinesisch

Man hat die Wahl zwischen Kitsch und den Produkten des alten Schwarzwald-Handwerks

Der Schwarzwald gehört zu den internationalen Reisezielen. Entsprechend ist das Angebot der Souvenirläden: *Kitsch as Kitsch can*. Von lustig bis unerträglich. Der Feldberg im Schneegestöber der Plastikhalbkugel wird gleich in mindestens zehntausend Varianten angeboten. Hit der Nippes-Tandler ist nach wie vor die Schwarzwald-Uhr mit dem Kuckucksschrei auf chinesisch, denn die meisten von ihnen sind *made in Taiwan* oder *Hongkong*. Es gibt natürlich die echte Kuckucksuhr, aus richtigem Schwarzwaldholz. Sie erkennen sie am Gütestempel des »Fördervereins Kuckucksuhr« — und am Preis. Unter 150 Mark ist eine echte Schwarzwalduhr nicht zu haben. Auf Trödelmärkten und in Antiquitätengeschäften der Städte Freiburg, Baden-Baden, Offenburg u. a. können Sie auch echte Bauernmöbel erstehen. Schnäppchen sind allerdings selten geworden.

In der Dorotheenhütte in Wolfach können Sie den Glasbläsern bei der Arbeit zusehen

Und sonst? Besuchen Sie doch mal Wolfach im oberen Kinzigtal. In diesem Kurstädtchen befindet sich nicht nur ein reizendes Schloß, sondern auch die Dorotheenhütte, das Zentrum des traditionellen Glasbläser-Handwerks. Das ganze Jahr über (von April–Okt. auch am Sa und So) können Sie dort hübsche Geschenke, Mitbringsel und ganz praktische Dinge für den eigenen Haushalt kaufen: mundgeblasene Gläser, Kelche, Pokale, Karaffen, Kugeln, Schalen, Figuren etc. Die Angebote zweiter und dritter Wahl mit geringfügigen (kaum sichtbaren) Fehlern sind besonders preisgünstig.

Wein kauft man am besten in einem der schönen Anbaugebiete: in der örtlichen Winzergenossenschaft, beim Winzer oder vielleicht sogar bei Franz Keller, dem Winzer-Feuerkopf von Vogtsburg-Oberbergen am Kaiserstuhl (sehr empfehlenswert!).

Und dann haben wir ja noch den Schinken. Preis: um 20 Mark pro Kilo. Man kann ihn portionsweise kaufen, reisegerecht in Folie verpackt, oder auch im Ganzen.

Dunschdig und Christkindlesmarkt

Höhepunkt des Festkalenders ist die alemannische Fasnet —
ein wildes Hexen- und Teufelstreiben

Die Badener feiern ihre Feste, wie sie fallen. Zwei besondere Anlässe: Fastnacht und Wein. Das soll aber nicht heißen, daß die Narren keinen Wein trinken . . . Jährlich am »schmutzige Dunschdig« (Altweiberfastnacht) beginnt besonders im Süden in jedem Dorf, in jeder Stadt die alemannische ★ Fasnet, ein wildes Hexen- und Teufelstreiben, das wenig mit dem närrischen Zirkus von Mainz, Köln oder Düsseldorf zu tun hat. Die ★ Weinfeste verteilen sich eigentlich auf den ganzen Sommer und Herbst. Alle können wir gar nicht erwähnen. Es sind einfach zu viele.

OFFIZIELLE FEIERTAGE

Der Schwarzwald hat als streng katholische Region vergleichsweise mehr gesetzliche Feiertage als beispielsweise nördlichere deutsche Bundesländer. Es sind im einzelnen: *Neujahrstag (1. Jan.),*

Rottweiler Narrensprung:
Schellengetöse am Rosenmontag
um Schlag acht Uhr

Heilige Drei Könige (6. Jan.), Karfreitag, Ostermontag, 1. Mai, Christi Himmelfahrt, Pfingstmontag, Fronleichnam, Tag der deutschen Einheit (3. Okt.), Allerheiligen (1. Nov.), Buß- und Bettag sowie *1. und 2. Weihnachtsfeiertag.* Außerdem wird in den südlichen Städten und Gemeinden der »Schmutzige Donnerstag« sowie der Rosenmontag als dienstfreier »Feiertag« gerechnet: Die meisten Geschäfte und Behörden haben geschlossen, die Narren schwingen allerorts ihr Zepter.

BESONDERE VERANSTALTUNGEN

April

Jazz-Festival in Villingen
Trachtenschäfer-Umzug in Bad Petersal-Griesbach

Mai

Offenburger *Weinmarkt*
Sektfestival Breisach
Stadtfest Rastatt
★ Baden-Badener *Rennwoche* (Internationales Galopprennen) in Iffezheim
Oberrotweiler *Frühlingsweinfest* in Vogtsburg

MARCO POLO TIPS FÜR VERANSTALTUNGEN

1 Rennwoche in Iffezheim
Ein Fest der Oberen Zehntausenden und ihrem Publikum. Man sieht die merkwürdigsten Hüte Deutschlands (Seite 23)

2 Hornberger Schießen
Damit man endlich einmal weiß, woher der Begriff kommt. Er hat mit den Irrwegen der menschlichen Intelligenz zu tun (Seite 24)

3 Fasnet
In jedem Dorf treiben sich kunterbunte Narren herum (Seite 23)

4 Donaueschinger Musiktage
Ein Festival, weit über die Grenzen des Schwarzwalds hinaus bekannt (Seite 25)

5 Weinfeste
Ob am Kaiserstuhl oder im Markgräflerland: Zur Herbstzeit lohnt sich ein Besuch (Seite 23)

6 Fronleichnam in Bad Peterstal
Eine farbenprächtige Prozession mit den schönsten Schwarzwälder Trachten (Seite 24)

Juni

Schellenmarkt auf dem Biereck bei Hofstätten

Auftakt der *Schloßfestspiele* in Ettlingen (bis Ende Aug.)

Hirsauer *Klosterspiele* in Calw

★ *Fronleichnamsprozession* (Trachten, Blumenteppiche, Bürgermiliz in Schwarzwälder Tracht) in Bad Peterstal

Ihringer *Weintage*

Stadtfest mit Feuerwerk in Freudenstadt

Nudelefest in Löffingen-Bachheim

Festspiele in Gengenbach

Zelt-Musik-Festival in Freiburg

Juli

Rastatter *Schloßkonzert*

★ *Freilichtspiele »Hornberger Schießen«* in Hornberg

Heuetmarkt (Peter-und-Paul-Markt) in Haslach

Heinrichsfest in Durbach

Winzerhock in Vogtsburg-Burkheim

Sommernachtsfest Titisee-Neustadt

Sommernachtsfest Schluchsee

August

Kinzig-Floßhafenfest in Wolfach

Großes Feuerwerk am Triberger Wasserfall

Burgfest auf Schloß Staufenberg in Durbach

Fest auf Schloß Ortenberg in Offenburg

Laurentius, das Hirten- und Bauernfest auf dem Feldberg

Stadt- und Bäderfest in Baden-Baden

Breisgauer Weinfest in Emmendingen

Flugtage auf dem Feldberg

Weinfest Kaiserstuhl-Tuniberg in Breisach

Große Rennwoche in Baden-Baden (Iffezheim)

September

Oechsle-Fest in Pforzheim
Zwetschgenfest in Bühl
Rottweiler *Stadtfest*
Herbstweinfest in Vogtsburg-Oberrotweil
Ortenauer Weinfest in Offenburg

Oktober

Badischer *Weinmarkt* in Offenburg
Achkarrer Weintage in Vogtsburg-Achkarren
Herbstweinfest in Vogtsburg-Oberbergen
Herbstmarkt in Villingen
Meerrettichfest in Appenweier-Urloffen
★ *Donaueschinger Musiktage*

November

Katharinen-Jahrmarkt in Sasbach-Obersasbach
Kirchenmusiktage (Johannes-, Herz-Jesu-Kirche) in Ettlingen
Martinimarkt in Haslach und in Gengenbach

Dezember

In fast jedem Ort *Weihnachtsmärkte*, besonders schön ist der Freiburger
Kuhreihenblasen in Villingen
Krippenwettbewerb in Schenkenzell
Silvesterkonzert im Villinger Münster
Traditionelle *Silvesterwanderung* in Freiamt

Das »Hornberger Schießen« erinnert an ein denkwürdiges Ereignis Anno 1564

25

Heiße Quellen und gute Luft

*In die Kurstädte Baden-Baden, Bad Herrenalb und
Baiersbronn fahren Sie zur Intensiv-Erholung*

Man kann sich darüber streiten, wo denn der Schwarzwald am schönsten sei: in seinem südlichen oder in seinem nördlichen Teil. Genügend Argumente gibt es für beide Regionen. Der nördliche Teil wird gern »grüne Herrgottsapotheke« genannt, nach seinen Thermalquellen, seinen Heilbädern und der guten gesunden Höhenluft. Keine Sorge, es wird nicht *zu* gesund. Denn überall, wo nach Herzenslust gebadet, gekurt (und gekurschattet) wird, lockt ein Teufelchen mit jeder Menge kleiner Sünden.

Altstadt von Calw

Zum Beispiel mit dem Roulettespiel oder dem Wein. Auf jeden Fall aber mit einer ungewöhnlichen Dichte erstklassiger Restaurants und Hotels. Aber kann denn das wirklich Sünde sein? In Wahrheit sind wir nämlich im Paradies. In einem irdischen, versteht sich, denn mit Manna allein kommt kein Koch zu einem Stern.

BADEN-BADEN

Im Tea-Salon des »Europäischen Hofs« seufzt eine ältere Dame mit unwirklich silbrigem Haar: »Früher, mein Lieber, waren das ganz andere Zeiten.« Ihr betag-

---

Hotel- und Restaurantpreise

Restaurants
Kategorie 1: ab 70 Mark
Kategorie 2: 35—70 Mark
Kategorie 3: 18—35 Mark

Die Preise gelten für ein dreigängiges Menü mit Vorspeise, einem Hauptgang und einem Dessert. Der Wein ist nicht mit inbegriffen.

Hotels
Kategorie 1: ab 160 Mark
Kategorie 2: 85—160 Mark
Kategorie 3: bis 85 Mark

Die Preise gelten für eine Übernachtung im Doppelzimmer. Meist ist das Frühstück in diesem Preis mit inbegriffen (für zwei Personen).

MARCO POLO TIPS FÜR DEN NÖRDLICHEN SCHWARZWALD

1 Casino von Baden-Baden
Die schönste Spielbank der Welt. Hier zockte schon Dostojewski
(Seite 30)

2 Römische Badruinen
Nochmal Baden-Baden. Das Erbe, das die Legionäre hinterlassen haben
(Seite 32)

3 Hornisgrinde
Eine Wanderung im schönsten Bergmassiv des nördlichen Schwarzwalds
(Seite 36)

4 Basilika von Schwarzach
Sie gehört zu schönsten romanischen Klosterkirchen Deutschlands (Seite 37)

5 Das deutsche Cluny
Besuch der ehemaligen Benediktiner-Abtei von Hirsau bei Calw — ein Hauch von Burgund
(Seite 43)

6 Alpirsbach
Das Dorf und das ehemalige Kloster mitten im Wald, still und verschwiegen (Seite 39)

ter Verehrer, in Blazer, Seidenschal, ganz die alte Schule, nickt mild: »Gewiß, meine Liebe, gewiß!« Draußen sausen zwei Kids auf ihren Skateboards vorbei — auf dem Kurparkweg, der eigentlich nur gravitätisch beschritten werden darf. Ach ja, die Zeiten haben sich in der Tat geändert. Das spürt man in keiner anderen deutschen Stadt so wie in Baden-Baden (50 000 Ew.). Nicht, daß es schmerzt. Es wird nur eine andere Vergangenheit vorgeführt. Eindrucksvoll bis wehmütig, mit klassizistischen Häuserfronten und breiten Alleen, mit Stadtpalästen für gekrönte Häupter, den Parklandschaften und jener distinguierten Entspanntheit, die ein überirdisches Maß an Etikette verlangt. Verstaubtheit? Mag sein, aber man kann sich so herrlich daran weiden.

Es begann mit den 800 000 Liter heißen Wassers, die sich seit Urzeiten pro Tag aus den Quellen im Talkessel des Flüßchens Oos zwischen den abfallenden Hängen des nördlichen Schwarzwalds ergießen. Schon die alten Kelten fanden, daß dies ein prima Platz sei. 74 n. Chr. kamen die Römer und hielten ihre müden Knochen in das dampfende Wasser. Sie gründeten eine Stadt mit Straßen, Tempeln, Soldatenbädern, Villen. Das so genannte Aquae Aureliae wurde Metropole der gesamten Region. Die ersten Prominenten kamen: Im Jahr 213 soll gar Kaiser Caracalla vom Tiber an die Oos gereist sein, um im Wunderwasser zu baden.

Dieser ersten Phase in der Kurortgeschichte Baden-Badens setzten die um das Jahr 260 einfallenden Alemannen ein jähes Ende. Sie vertrieben die Römer, zerstörten die Stadt und die Thermen und blieben bis zum 8.

Jh., bis sie ihrerseits von den Franken verjagt wurden. 712 wurde die Nutzung der Thermalquellen erstmals in der fränkischen Chronik erwähnt, 987 ist der Ort Badon bezeugt. Richtig in Gang kam der Badebetrieb freilich erst wieder im 12. Jh. unter den Markgrafen von Baden, die sich mittlerweile hier niedergelassen hatten (Burg Hohenbaden). Auch der mittelalterliche Arzt Paracelsus soll hier gewirkt haben. Diese Zeit war Baden-Badens zweite Blütephase. Sie dauerte bis ins 17. Jh., als einfallende französische Heere marodierend durch den Südwesten Deutschlands zogen. Beim Brand von 1689 ging fast die gesamte Stadt in Flammen auf.

Erst gegen Ende des 18. Jhs. erholt sich Baden-Baden von der Katastrophe. Der Baumeister Friedrich Weinbrenner gestaltet den Ort im klassizistischen Baustil. Und ein Franzose gründet 1838 das Casino: Jacques Bénazet. Er und sein Sohn Edouard bauen die Spielbank zu einer der größten und attraktivsten Glücksburgen der Welt aus. Baden-Badens dritte Blütezeit beginnt – der Rubel rollt. Wer in Europa »in« sein will, reist nach Baden-Baden. Napoleon III., die englische Königin Victoria, Kaiser Wilhelm I. und alle anderen hochrangigen Exponenten der Belle Epoque finden sich ein. Baden-Baden wird die Stadt des Glamours, der verdeckten Affären und Skandale.

Nach den großen europäischen Kriegen – 1870/71, 1914–18 und 1939–45 – scheint auch der Niedergang dieser glänzenden Kur-Metropole besiegelt. Doch ab 1950 nimmt

Baden-Baden einen neuen Aufschwung – die vierte Blütephase. Wirtschaftswunderkinder treten selbstbewußt das Erbe der großen Stils an. In allen Facetten des schlechten Geschmacks. Man bekämpft wachsenden Bauchspeck. Rheuma, das Völlerei-Leiden Gicht, die Midlife-Crisis mit warmem Wasser und Schampus. Heute stellt sich Baden-Baden teils als große überlebende Titanic-Society, teils als permanent tiefstapelnde Provinzbühne der Millionäre dar. Doch was ist schon Provinz. »Grüne Hölle«, grummeln die jungen Leute des Südwestfunks, die eine Art Mega-Wohngemeinschaft in dieser Stadt gegründet haben. Sie hokken abends zuhauf in diversen Weinkneipen der Umgebung, tödlich gelangweilt von der ewig schönen Landschaft, von der geriatrischen Dynamik einer musealen Muppets-Show – und sie machen mit SWF 3 mit Abstand das lebendigste Radio-Programm Deutschlands, von dem man auf den öffentlich-rechtlichen Tiefschlaf-Stationen in Hamburg, Berlin, Köln oder München nur träumen kann. Und zu den Pferderennen in Iffezheim pilgern alle standes- und Bussi-beflissenen Sylt-, Marbella- und Acapulco-Exilos, zeigen aller Welt Geld, Ferraris und Hüte.

Früher, ja früher sinnierten in Baden-Baden Turgenjew, Dostojewski oder Mark Twain über den Gang der Dinge im allgemeinen und speziellen. Heute macht das die deutsche Dichterin des Hemdsärmels Elke Heidenreich alias Else Stratmann im Rundfunk. Früher gaben sich die Herren nach katastrophalem

Faites votre jeu — das Casino von Baden-Baden

Spiel im Casino auf den Parkbänken ganz diskret die letzte Kugel. Heutzutage kommt es schon mal vor, daß ein *looser* mit einem Bulldozer rachelüstern aufräumt. Man sieht: Baden-Baden lebt. (C3)

BESICHTIGUNGEN

Altkatholische Spitalkirche
Der Sakralbau in der Gernsbacher Straße entstand 1486/87. Sehr schönes Chorgestühl aus dem 16. Jh. Sehenswerte moderne Glasmosaiken.

Brahms-Haus
In diesem Anwesen in der Maximilianstraße 84 hat der berühmte Komponist zwischen 1865 und 74 während seiner zahlreichen Besuche in Baden-Baden gewohnt und auch eine Reihe großer Kompositionen geschaffen. *Besichtigungen Mo, Mi, Fr 15 bis 17 Uhr, So 10—13 Uhr und nach Vereinbarung, Tel. 7 11 72, Eintritt 1 Mark*

Caracalla-Therme
Das ehemalige Augustabad am Marktplatz von Baden-Baden, dem historischen Kern der Stadt. Nach dem Umbau von 1985 eine der modernsten und schönsten Badeeinrichtungen Europas. *Tgl. 8—22 Uhr geöffnet*

Casino
★ Das Prunkstück von Baden-Baden, Kenner bezeichnen es als das schönste Spielkasino der Welt. Auf jeden Fall die älteste Spielbank von Deutschland. 1838 vom französischen Architekten Bénazet im rechten Flügel des Kurhauses an der Werderstraße eingerichtet. Herrliche Deckenmalereien. Dostojewski spielte hier bis zum Wahnsinn. Von 14—2 Uhr Roulette, Black Jack und Punta Banco. Baccara sogar bis 6 Uhr morgens. Wer nichts riskieren will, kann das Casino von *10—12 Uhr (Sommer) bzw. von 9.30—12 Uhr (Winter) besichtigen.*

Friedrichsbad
Herrliche Badeanlage (am Marktplatz), nach dem Vorbild römischer Thermen von 1869 bis 77 gebaut. Beeindruckende, mit Skulpturen geschmückte Fassade (1981 wurden die In-

nenräume renoviert). Mittelpunkt ist das große römisch-irische Gemeinschaftsbad. *Mo–Sa 9–22 Uhr geöffnet*

Internationaler Club

Ehemaliges Sommerpalais der Königin Friederike von Schweden, 1820 an der Lichtentaler Allee erbaut. Von hier aus werden während der Saison die Pferderennwochen organisiert.

Kloster Lichtental

Das älteste der erhaltenen Klöster Badens. 1245 wurde »Lucia vallis« am Ostende der Lichtentaler Allee von der badischen Markgräfin Irmingard, einer Enkelin von Heinrich dem Löwen, als Zisterzienserinnen-Abtei für edle Fräuleins gegründet. Gotische Fürstenkapelle mit Grablegung der badischen Markgrafen, sehr schöne Klosterkirche mit Renaissance-Kanzel und barokkem Chorgestühl (1764). Im Klostermuseum werden wertvolle Sakralgegenstände ausgestellt. *Besichtigung für Gruppen ab fünf Personen: Mo–So 15–17 Uhr, Mi 10.15–12 Uhr, am 1. So im Monat geschl., Eintritt 1,50 Mark*

Kloster vom Heiligen Grab

Die Abtei am Römerplatz wurde 1670 von Markgräfin Franziska gegründet. Bereits 1689 brannte das Kloster ab, nur die Kirche überstand das Feuer. Im 18. Jh. wurde die Anlage wieder neu aufgebaut. Sie beherbergt heute ein Gymnasium. *Besichtigung nur nach Voranmeldung*

Kurhaus

Das gesellschaftliche Zentrum von Baden-Baden, umgeben von herrlichen Parkanlagen. 1821 bis 1824 errichtete der badische Baumeister Friedrich Weinbrenner des klassizistische Gebäude an der Werderstraße, heute ist es das Wahrzeichen der Stadt. Kern des Hauses ist der Bénazet-Saal, der bei Opern- und Theateraufführungen, Kongressen sowie anderen Veranstaltungen bis zu 1000 Personen faßt. Hinter einer Säulenfront liegt der Weinbrenner-Saal, in dem hauptsächlich Kammer-Konzerte stattfinden. Der runde Ballsaal, der Dachgarten und ein Terrassenrestaurant kamen erst 1936 dazu.

Lichtentaler Allee

Prachtpromenade, ursprünglich ein Verbindungsweg am Oosbach zwischen Baden-Baden und Kloster Lichtental. Mitte des 17. Jhs. wurde hier eine Eichenallee angepflanzt, die im 19. Jh., der Boom-Epoche der Kurstadt, zur Parkanlage mit exotischen Bäumen und Gehölzen aus aller Welt erweitert wurde. Laut Stadtchronik sollen hier Künstler, Diplomaten, Fürsten, ja sogar Könige und Kaiser gelustwandelt sein. Heute sorgen Tennisplätze, eine Minigolfanlage sowie eine Reitbahn für Besucherandrang.

Neues Schloß

Das Schloß auf dem Florentinerberg (Schloßstraße) ist seit dem 15. Jh. in Besitz der Markgrafen von Baden. Mit Sicherheit stand hier jedoch schon im 14. Jh. eine bewohnte Burg. 1479 verlegte Markgraf Christoph I. die Residenz vom Alten Schloß Hohenbaden hierher auf den Florentinerberg. Während der Renaissance-Zeit (16. Jh.) entstanden die meisten Gebäude.

Leider wurde auch das Neue Schloß vom großen Stadtbrand (1689) in Mitleidenschaft gezogen. Bei den anschließenden Renovierungsarbeiten wurde freilich nur das Allernotwendigste wiederhergestellt, da Markgraf Ludwig Wilhelm, genannt der »Türkenlouis«, und seine Gemahlin Sibylla samt Hof 1705 nach Rastatt umsiedelten. Im 19. Jh. wurde die Schloßanlage noch einmal teilweise umgestaltet. Sie blieb bis 1918 Sommerresidenz der Fürsten von Baden. Herrlicher Blick über die Stadt und die umliegenden Berge. Im Schloß sind ferner die Stadtgeschichtliche Sammlung mit Funden aus der Römerzeit sowie das Zähringer Museum (höfische Kunst aus dem 16.–19 Jh.) untergebracht. *Besichtigungen des Schlosses sind vorher anzumelden, Tel. 2 55 93. Stadtgeschichtliche Sammlung: Ostern bis Okt., tgl. außer Mo 10–12.30 u. 14–17 Uhr, Eintritt 2 Mark. Zähringer Museum: Mai–Sept., Mo–Fr 15 Uhr Führung, Eintritt 4 Mark*

Rathaus

1632 als Gebäude des Jesuitenkolleges am Marktplatz errichtet. Baumeister Friedrich Weinbrenner gestaltete es 1809 zu einem sogenannten »Konversationshaus« um, einem Vorläufer des Casinos, in dem fleißig gespielt und gefeiert wurde. Die zugehörige Kirche wurde bis auf den Chor abgerissen und durch ein Hotel ersetzt. Seit 1862 dann Rathaus. Heute Sitz der Stadtreinigung.

Römische Badruinen

★ Das Bad der römischen Stadt Aquae Aureliae wurde im Jahr 117 n. Chr. für die Legionäre errichtet. Später zerstörten die einfallenden Alemannen die Anlage. 1847 wurden die Thermen am Römerplatz (unterhalb des Friedrichsbades) wiederentdeckt. Sie vermitteln noch heute einen lebhaften Eindruck von Badekultur und der Hygiene der Römer. *Besichtigung Di–So 10 bis 12 Uhr und 13.30–17 Uhr. Eintritt 2 Mark. Da die Ruinen hinter einer Glaswand liegen, kann ein Teil auch außerhalb der Besichtigungszeit gesehen werden*

Russische Kirche

Seit dem 19. Jh. haben sich in Baden-Baden Russen angesiedelt, vornehmlich Künstler und Angehörige der oberen Adelsschicht. Noch heute hat die Stadt eine kleine, aber aktive russische Gemeinde. Einer ihrer Treffpunkte ist die Russische Kirche (Lichtentaler Straße), die gegen Ende des 19. Jhs. im byzantinischen Stil erbaut wurde. Ihr typischer Zwiebelturm war einst goldplattiert. Im Gotteshaus befindet sich die Grabstätte von Prinzessin Wilhelmine, der Enkelin des Zaren Nikolaus I.

Stiftskirche Unserer Lieben Frau

Eigentlich heißt der mächtige Sakralbau am Marktplatz jetzt offiziell Katholische Pfarrkirche St. Peter und Paul. Wir wollen sie jedoch bei ihrem historischen Namen nennen, denn sie ist der älteste Sakralbau der Stadt. Bereits 987 ist an dieser Stelle eine Kirche als Eigentum des deutschen Kaisers bezeugt. Mit seinen Fundamenten reicht das Gotteshaus bis zu den römischen Bädern hinab. Bis Ende der siebziger Jahre erfolgte die Beheizung noch durch Thermalwasser.

Die einzelnen kunsthistorischen Phasen sind sehr gut zu erkennen: Die untersten Turmgeschosse sind romanisch, Chor, Langhaus und Mittelschiff gotisch. Nach dem Stadtbrand von 1689 wurde ein Teil des Turmes neu aufgebaut, 1751 kam die welsche Haube auf die Spitze.

Die Stiftskirche war ab 1391 Grabkirche der Markgrafen von Baden. Der bedeutendste Kunstschatz ist ein überlebensgroßes Sandsteinkruzifix des spätmittelalterlichen Bildhauers Nikolaus Gerhaert von Leyden. Es wurde 1467 von dem markgräflichen Wundarzt Hans Ulrich, genannt Scherer, gestiftet.

Stourdza-Kapelle

Grabkapelle des rumänischen Fürsten Michael Stourdza, letzter Bojar des Fürstentums Moldau. Der Münchner Baumeister Leo von Klenze hat diesen interessanten würfelförmigen Klassizismus-Bau mit einem Zeltdach und einer Laterne als Spitze von 1863—66 am Michaelsberg (Stourdza-Straße) errichtet. Griechisch-orthodoxe Gottesdienste bei besonderen Anlässen.

Theater

Das prunkvolle Haus am Goetheplatz wurde zwischen 1860 und 62 auf Betreiben des französischen Casino-Besitzers Edouard Bénazet gebaut. Vorbild war die Pariser Oper.

Thermalquellen

Sie entspringen am Südabhang des Neuen Schlosses. Der Quellenherd des zwischen 44 und 69 Grad Celsius heißen Wassers liegt in 1800 m Tiefe. Es drängt durch ein weitverzweigtes Spaltensystem nach oben. Über Rohrleitungen wird das Heilwasser in die Bäder geführt.

Trinkhalle

Eine 90 m lange und 8 m breite Wandelhalle, 1839—42 nach Entwürfen des Baumeisters Friedrich Hübsch errichtet. 15 Wandfresken erzählen aus regionalen Sagen. *Tgl. von 10—14.30 Uhr geöffnet*

MUSEEN

Das kleine Spielzeugmuseum

Alles, was mit Spielzeug zu tun hat. Auch regionale Stücke. *Gernsbacher Straße 48, Tel. 3 25 11, Di—Fr 15—18 Uhr, So 15—18 Uhr, Eintritt 3,50 Mark*

Staatliche Kunsthalle

Wechselausstellungen meist moderner Kunst. Der fast fensterlose Bau wurde von 1907 bis 1909 errichtet. *Lichtentaler Allee 8 a, Tel. 2 53 90, tgl. außer Mo 10—18 Uhr, Mi 10—20 Uhr, Eintritt je nach Ausstellung verschieden*

RESTAURANTS

Bocksbeutel

❀ Badisch-bürgerliches Restaurant im Ortsteil Umweg. Spezialität: selbstgemachte Nudeln. *Umweger Straße 103, Tel. 5 80 31/2, Mo geschl., Kategorie 2*

Molkenkur

Solides Lokal mit günstigen Preisen. *Quettigstraße 19, Tel. 3 32 57, So geschl., Kategorie 3*

Pavel Pospisils
Restaurant Merkurius

Trotz des tschechischen Namens: Hier kocht der Elsässer

Christian Mathis. Große Küche im Ortsteil Varnhalt. Erstklassige Weine. *Klosterbergstraße 2, Tel. 5474, Sa Mittag, Mo und Di Abend geschl., Kategorie 1—2*

Stahlbad

Das erste Traditionslokal am Platz mit Hummer-Spezialitäten, aber auch einer erstklassigen Maultaschensuppe. Lange Wartezeiten, die von einer wunderbaren Weinkarte überbrückt werden. *Augustaplatz 2, Tel. 24569, So, Mo geschl., Kategorie 2*

Traube

Sehr schöner badischer Landgasthof im Ortsteil Neuweier. Ausgezeichnete Vesperkarte. Gute regionale Weine. *Mauerbergstraße 107, Tel. 57216, Mi geschl., Kategorie 2—3*

Zum alde Gott

Das Spitzenrestaurant von Baden-Baden, Ortsteil Neuweier, Spezialitäten: Kaninchen und Entenleber in Weißherbstgelee, gebratene Ente mit Linsen und Spätzle. *Weinstraße 10, Tel. 5513, Do, Fr Abend und 3.—31. Jan. geschl., Kategorie 1*

Baden-Baden ist ein teures Pflaster. Die Stadt und der Landkreis haben die größte Millionärsdichte Deutschlands. Entsprechend sind die Preise. Elegante Boutiquen und sündhaft teure Juweliere gibt's in der Fußgängerzone (Lange Straße und Gernsbacher Straße) sowie in der Arkadenallee vom Leopoldplatz zum Kurhaus zuhauf. Weine bieten die Winzergenossenschaften der umliegenden Weindörfer an.

Badhotel Zum Hirsch

Ruhiges, fast 300 Jahre altes Traditionshaus im Stadtzentrum, zur Steigenberger-Kette gehörend. Alle 58 Zimmer haben Thermalwasserzulauf, das Hotel besitzt eine eigene Bäderabteilung. *Hirschstraße 1, Tel. 23896, Kategorie 1*

Brenner's Parkhotel

Eine Legende — immer noch als zu den schönsten Hotels der Welt gehörend gerühmt. Durch das Luxushaus weht der Geist der Belle Epoque. Zwei erstklassige Restaurants. Eigene Bäderabteilung. 100 Zi., 4 Suiten. *An der Lichtentaler Allee, Tel. 901375, Kategorie 1*

Der kleine Prinz

Sehr schönes Hotel, geschmackvoll eingerichtet. Etwas für romantisch veranlagte Gäste. 33 Zi. *Lichtentaler Straße 36, Tel. 3464, Kategorie 1*

Greiner

Zauberhaftes Hotel mit sehr sympathischen Preisen, am Ende der Lichtentaler Allee gelegen. 33 liebevoll eingerichtete Zimmer. *Lichtentaler Allee 88, Tel. 71135, Mitte Nov. bis Anfang Dez. geschl., Kategorie 2—3*

Quisisana

Elegantes Hotel mit stilvoller Einrichtung. Bade- und Massageabteilung. 69 Zi. *Bismarckstraße 21, Tel. 3446, Kategorie 1*

Steigenberger Hotel Badischer Hof

Luxushaus mit eigener Bäderabteilung und Thermalschwimmbad. Früher stand hier einmal ein

Kapuzinerkloster. Im Hotelgarten dampft majestätisch ein dreischaliger Thermalbrunnen, das Wahrzeichen des Südwestfunks. 145 Zi. *Lange Straße 47, Tel. 2 28 27, Kategorie 1*

Steigenberger Hotel Europäischer Hof

Traditionelles Luxushotel mit schönem Blick auf den Kurpark. Hier trägt man noch ungeniert Pelze. 139 Zi. *Kaiserallee 2, Tel. 2 35 61, Kategorie 1*

AM ABEND

Club Taverne

Die Disko im Keller des Kurhauses. Gespreizter Edel-Schwoof. *Tel. 2 96 66*

Elefant

⚲ Nette Kneipe, Treffpunkt ohne Schicki-Mickis, Yuppies etc. Für die ist es zu verräuchert, igitt! *Rettigstraße 12, Tel. 3 12 63*

Equipage

Tanzbar mit Live-Musik im Kurhaus. *Tel. 3 23 75*

La Province

⚲ Der neue Schicki-Micki-Treff Baden-Badens, seit das »Oxmox« dichtgemacht hat. Der frühere Inhaber hat auch diesen Laden eingerichtet. Restaurant plus Bar: Rendezvous der Jeunesse dorée. Man speist provençalisch und sieht sich gegenseitig tief in die Augen. *Am Neuen Schloß, Schloßstraße 20, Tel. 2 55 50 und 2 99 00*

Leo's

⚲ Bar in der Stadtmitte. Das Schumann's von Baden-Baden. Hat aber schon tagsüber auf. Man

sieht sich. *Newest talk of town.* Und man kann dabei auch eine Kleinigkeit essen. Und gucken. Und flirten. *Luisenstraße 10, Tel. 27 15 00*

AUSKUNFT

Bäder- und Kurverwaltung

Gästeinformation, auch über medizinische Kuren. *Augustaplatz 8 (Haus des Kurgastes), 76530 Baden-Baden, Tel. 0 72 21/27 52 00 und 27 52 01, tgl. außer Sa 9–22 Uhr, So und an Feiertagen 10–22 Uhr*

Verkehrsmittel

Bahnhof Baden-Baden: Von hier fahren alle zehn Minuten Busse (Linie 1) in die eigentliche Stadt. *Zugauskunft: Tel. 0 72 21/6 14 45.* Flughafen Baden-Baden: Zubringerflüge nach Basel, Frankfurt und Stuttgart. *Auskunft: Tel. 6 18 48/9*
Taxi: Standplätze am Bahnhof Baden-Baden und am Kurhaus, *Tel. 6 21 12, 6 21 10, 5 38 88*

ZIELE IN DER UMGEBUNG

Altes Schloß Hohenbaden

☽ Lohnendes Ausflugsziel drei km nördlich von Baden-Baden. Der mittelalterliche Sitz der Markgrafen. Die Burg wurde zwischen 10/4 und 1400 angelegt. Herrlicher Ausblick vom Turm. 10 Fußminuten weiter liegen am Berg Battert die Überreste einer keltischen Ringanlage. (C 2–3)

Bad Herrenalb

Reizvoller, berühmter Kurort (7600 Ew.) am Schnittpunkt von gleich sieben Schwarzwaldtälern, 22 km nordöstlich von Baden-Baden. Das *Zisterzienserklo-*

ster des Städtchens wurde 1148 von Graf Berthold III. von Eberstein aus Dankbarkeit für seine glückliche Rückkehr vom II. Kreuzzug gegründet. Von den spätromanischen Gebäuden sind nur noch die Vorhalle (»Paradies«), die Sakristei der Klosterkirche sowie eine Zehntscheuer erhalten. Der Rest wurde im Bauernkrieg 1525 und gegen Ende des Dreißigjährigen Krieges 1643 zerstört. Eine über 150-jährige Kiefer, die auf einem Mauersockel des »Paradieses« emporwächst, rundet das herrliche Bild ab. Der Baum gilt als Naturwunder. (D 2)

Ebersteinburg

🔽 Burgruine mit wunderbarem Blick über Schwarzwald, Rheintal und Baden-Baden. In der Nähe (ausgeschildert) befindet sich die Wolfsschlucht, zwei Felsen − Engels- und Teufelskanzlei −, auf denen der Legende nach der Teufel und ein Engel Streitgespräche geführt haben sollen. (C 3)

Forbach

Herrlich gelegener Ort (6000 Ew.) im mittleren Murgtal. Sehenswerte alte Holzbrücke von 1778. Forbach ist im Sommer eine empfehlenswerte Ausgangsstation für Schwarzwald-Wanderungen. Tip: Ausflug zur nahegelegenen Schwarzenbachtalsperre. (C 3−4)

Gernsbach

Berühmter Ort (14 000 Ew.) im nördlichen Schwarzwald, der einst das Zentrum der Schwarzwald-Flößerei war. Die Hölzer aus den riesigen Wäldern der Umgebung wurden über die Murg zum Rhein transportiert. Über 400 Jahre lang garantierte dieses Gewerbe der Stadt großen Wohlstand. Das macht sich auch am Stadtbild bemerkbar. Bedeutende Gebäude: Jakobskirche (1467−71), Liebfrauenkirche (1380−90) und das Rathaus (17. Jh.), das aus dem frühbarocken Wohnhaus des reichen Murgschiffers Jakob Kast entstand. (C 3)

Hornisgrinde

⭐ 🔽 1164 m hoher Schwarzwaldgipfel. Im Sommer wunderbares Wandergebiet (Aussicht!), im Winter Skigebiet. (C 4)

Mummelsee

🔽 In der Nähe der Gemeinde *Sasbachwalden* liegt, versteckt zwischen den Wäldern des Massivs der Hornisgrinde, der Mummelsee, ein kleiner, 17m tiefer See, in dem der Legende nach das Seeweible regieren soll, das den Bäuerinnen bei ihren Hausarbeiten zur Hand geht. Baden ist erlaubt − nur ist das Wasser bitterkalt. (C 4)

Rastatt

Die heutige Industriestadt (40 000 Ew.) war im Mittelalter ein bedeutender Marktplatz. 1689 wurde Rastatt von den Franzosen zerstört, jedoch vom Markgrafen »Türkenlouis« Ludwig Wilhelm wieder aufgebaut. Er verlegte sogar seine Residenz von Baden-Baden nach Rastatt. Das sehenswerte Schloß ist im Versailler Stil (1697−1707) erbaut. In der Schloßkirche befindet sich das Grab der Markgräfin Sibylla Augusta.

Wer Rastatt besucht, sollte unbedingt 4 km weiterfahren nach

Schloß Favorite in Rastatt, barocke Residenz des Markgrafen »Türkenlouis«

Schloß Favorite in Kuppenheim. Markgräfin Sybilla Augusta ließ es als barocke Sommerresidenz inmitten einer herrlichen Parklandschaft bauen. Die Inneneinrichtung bietet ein besonders gutes Bild von der damaligen Wohnkultur (Glas-, Möbel- und Porzellansammlung). *Tel. 0 72 22/ 4 12 07, März–Sept. Di–Do 9–11 und 14–17 Uhr, Okt.–Nov. Di–So 10–12 und 13–16 Uhr. Eintritt 4 Mark, mit Besichtigung der Porzellansammlung 7 Mark.* (C 2)

Schwarzach

Kleines Dorf (1700 Ew.), in der Nähe von Rastatt gelegen, mit einer wunderschönen ★ romanischen Klosterbasilika. Das Kloster soll bereits schon 748 vom Straßburger Bischof Eddo gegründet worden sein. Die heute noch erhaltene ehemalige Benediktiner-Kirche St. Petrus und Paulus wurde um 1200 gebaut. (C 2)

FREUDENSTADT

»Mitten im förchtigen Wald«, der im 15. Jh. in der Tat noch furchterregend sein konnte, liegt Freudenstadt (23 000 Ew.), eine Touristengemeinde und ein Kurort (für Atemorgane, Herz und Kreislauf) mit viel guter Luft, mildem Reizklima. Freudenstadt bietet außerdem gute Wintersport- und herrliche Wandermöglichkeiten.

1599 wurde die Stadt von Herzog Friedrich I. von Württemberg als Handelsplatz zwischen Stuttgart und Freiburg gegründet. Vertriebene österreichische Protestanten arbeiteten im Bergbau. 1632 vernichtete ein Großfeuer die noch junge Siedlung. Sie wurde nach Plänen des Baumeisters Heinrich Schickhardt nach dem Muster eines Mühlespielbretts neu angelegt. Um 1670 wurde Freudenstadt zur Festung ausgebaut, der geplante Schloßbau kam jedoch nicht mehr zustande. In den letzten Kriegstagen von 1945 erlebte Freudenstadt seine größte Katastrophe: Anrückende französische Truppen schossen die Stadt in Brand. Sie wurde bis 1954 nach alten Plänen wieder aufgebaut. (D 5)

BESICHTIGUNGEN

Evangelische Stadtkirche
Beachtenswertes Gotteshaus (1601–08) an der südwestlichen Ecke des Marktplatzes. Besondere Eigenart: Die beiden Langhäuser stoßen rechtwinklig zusammen. Wertvolle Inneneinrichtung: romanischer Taufstein (um 1100) mit phantastischen Tierfiguren, Holz-Lesepult (um 1150) und ein geschnitztes Kruzifix (um 1500).

Marktplatz
Riesiger Platz in der Stadtmitte von 225 m Seitenlänge. Er wurde nach Kriegsende wieder originalgetreu nachgebaut. Ursprünglich sollte hier ein Renaissance-Schloß entstehen.

MUSEUM

Heimatmuseum
Sammlung, die die Geschichte der Stadt dokumentiert. *Im Stadthaus auf dem Marktplatz, Tel. 07441/86440, So 10–12 Uhr, werktags Führungen, Eintritt frei*

RESTAURANTS

Bären
Solide Regionalküche und 24 Fremdenzimmer. *Langestraße 33, Tel. 2729, So ab 14 Uhr und Mo geschl., Kategorie 2*

Gasthof See
Schönes Wirtshaus mit 13 Fremdenzimmern. *Forststraße 17, Tel. 2688, Mi geschl., Kategorie 3*

Grüner Wald
Ruhiges Restaurant mit Hotel, Terrasse, Regionalküche. 24 Zi. *In Freudenstadt-Lauterbad, Kinzigtalstraße 23, Tel. 2427, Mi geschl., Kategorie 2–3*

Zum Warteck
Kleiner Gasthof mit der besten Küche am Platze. Sehr gute offene Weine. 13 Zi. *Stuttgarter Straße 14, Tel. 7418, Sa geschl., Kategorie 2*

HOTELS

Steigenberger Hotel
Hochhauskomplex mit 131 sehr komfortablen bis luxuriösen Zimmern. *Karl-von-Hahn-Straße 129, Tel. 81071, Kategorie 1*

Zum alten Flecken
Gemütliches Hotel in zwei idyllischen, renovierten Fachwerkhäusern. 25 sehr schöne Zimmer. *Marktstraße 11 u. 13, Tel. 8041, Kategorie 2*

SPIEL UND SPORT

Panorama-Schwimmbad
Sehr schöne Badeanstalt mit Sprungturmanlage, einer 45 m langen Wasserrutsche, Dampfgrotte, Hot-Whirl-Pool. *Ludwig-Jahn-Straße 60, Tel. 57620, Mo–Fr 9–21 Uhr, Sa, So und an Feiertagen 9–20 Uhr*

Schwimmen, Angeln, Surfen und Segeln
Nagold-Talsperre bei Seewald, *Auskunft Tel. 07447/1007* sowie am Tumlinger See, *Waldachtal,*

und Sandbühlsee, *Tel. 07443/ 2940*

Städtische Kurverwaltung
Am Promenadenplatz 1, Tel. 07441/ 8640, 72250 Freudenstadt

Alpirsbach
★ Diesem Ort (7500 Ew.) sollte man unbedingt einen Besuch abstatten. Erstens liegt er herrlich inmitten großer Nadelwälder (Wandermöglichkeiten, Wintersport!), 18 km südlich von Freudenstadt; zweitens besitzt er ein Kleinod an romanischer Kirchenbaukunst. Von 1095 bis 1125 entstand hier eine *Benediktiner-Abtei* mit einer dreischiffigen Sandstein-Basilika. Besonders eindrucksvoll ist das Innere der Klosterkirche, die heute als evangelisches Gotteshaus dient. Ein Tip sind die Konzerte im Kreuzgang (während der Kursaison).

Alpirsbach selbst hat einen hübschen Ortskern mit alten Fachwerkhäusern und einem sehenswerten Rathaus aus dem 16. Jh. Einkaufstip: Die Glasbläserei von Alpirsbach verkauft ihre Produkte direkt vor Ort. Information bei: *Kurverwaltung Alpirsbach, im Rathaus am Marktplatz, Tel. 07444/614281, 72275 Alpirsbach* (D 5)

Altensteig
Eine besonders schöne Schwarzwaldstadt (10300 Ew.), auf einer Anhöhe über dem Fluß Nagold gelegen, mit Fachwerkhäusern, mittelalterlichen Pflaster, einem Fachwerk-Rathaus. Barocker Brunnen. Dieses bezaubernde Panorama wird von der barocken evangelischen Stadtkirche und dem *Schloß* aus dem 11. Jh. überragt. Altensteig wird schon um 1100 erstmalig genannt, Stadtrechte besitzt es seit dem 13. Jh. In der Unterstadt wohnten jahrhundertelang die Gerber und Flößer. (D–E 4)

Bad Rippoldsau-Schapbach
Malerisch gelegenes Moor- und Mineralbad im Wolfach-Tal.

Die ehemalige Klosterkirche St. Benedikt in Alpirsbach

Schon seit dem Mittelalter Heilbad (Rheuma, Gelenk-Erkrankungen, Stoffwechselkrankheiten). Moderne Kuranlagen, im Winter reichlich Auftrieb durch Skifahrer und Après-Trubel. Im nahegelegenen Klösterle befindet sich eine sehenswerte Benediktiner-Abtei von 1141. (C 5)

Baiersbronn

Kurort, der mit 16 000 ha Wald auf einer Gesamtmarkung von 19 000 ha die größte deutsche Landgemeinde (15 800 Ew.) ist, aus zwölf einzelnen Dörfern bestehend.

Nach Wintereinbruch kommen massenweise Skitouristen und im Sommer die Wanderer, um die herrliche Landschaft zu genießen. Doch das ist es nicht unbedingt, was uns hierher treibt. Der Ort hat die besten Köche des Schwarzwalds, einige behaupten sogar Deutschlands. Da hätten wir z. B. das Restaurant *Bareiss* im Kurhotel Mitteltal. Zwar hat sich der legendäre Küchenchef Karlheinz Schuhmair inzwischen selbständig gemacht, doch wurde in Claus-Peter Lumpp ein würdiger Nachfolger gefunden. *Gärtenbühlweg 14, Tel. 4 70, Mo, Di, Juni und 23. Nov.–24. Dez. geschl., Kategorie 1*

Nun könnte man die ehemalige Klosterkirche St. Gregor (1082) im Ortsteil Klosterreichenbach besichtigen oder einen Verdauungsspaziergang um den Huzenbacher See in Baiersbronn-Huzenbach unternehmen. Das Gewässer soll voller verwunschener Nixen, Undinen und Huzen (verzauberte Wichte) stecken.

Abendessen im Kur- und Sporthotel *Traube* in Tonbach.

Wir haben in der legendären *Schwarzwaldstube* einen Tisch bestellt. Beim Studium der Speisekarte sind schon die verwöhnten Tester des »Gault Millau« ausgeflippt: Rehparfait mit Gänseleber und Feigenconfit, Tortellini mit Kalbsbries und Périgord-Trüffeln gefüllt an Trüffelbutter, Kartoffelravioli mit Steinpilzen gefüllt, Cassolette mit Languste und grünen Spargelspitzen in Muschelsud usw. Urteil der Mit-Esser: »Unvergeßliche Gaumenfreuden!« 3 Sterne von Michelin. *Tonbachstraße 237, Tel. 49 20, Mo, Di, Jan. und Juli geschl., Kategorie 1* (D 4)

Horb

Das Städtchen am oberen Neckarlauf nennt man auch »Tor zum Schwarzwald«. Es liegt zwischen den beiden mittelalterlichen Burgen Hohenberg und Herrenberg. Historische Altstadt mit der Heilig-Kreuz- und der Liebfrauenkirche (berühmter Flügelaltar). Horb ist auch ein Zentrum der Schwarzwälder Bauernmalerei. Ferienkurse. *Auskünfte beim Verkehrsbüro im Rathaus am Marktplatz, Tel. 0 74 51/36 11 in 72160 Horb* (E 5)

Nagold

Stadt (21 300 Ew.) am Ostrand des Schwarzwalds. Frühkeltische Fürstenhügel, zwei römische Gutshöfe. 786 wurde der Ort erstmals als *villa nagaltuna* erwähnt. Sehr schöne Altstadt. Sehenswerte *Burgruine Hohennagold* mit einem Kern aus dem 10./11. Jh. *Die Alte Post,* in einem prächtigen 300 Jahre alten Fachwerkhaus gelegen, gehört zu den schönsten Wirtshäusern der Region. *Bahnhofstraße 2, Tel. 0 74 52/ 42 21, Kategorie 2* (E 4)

PFORZHEIM

Das berühmte Zentrum der deutschen Schmuckindustrie (110 000 Ew.). Man nennt die nördliche Pforte zum Schwarzwald daher auch »Goldstadt«. Das Stadtbild ist von recht einfallslosem Nachkriegsgepräge. Am 23. Februar 1945 wurde Pforzheim durch einen Fliegerangriff nahezu vollständig zerstört (17 000 Tote) in den fünfziger Jahren wieder aufgebaut.

Dennoch gehört Pforzheim aufgrund seiner Geschichte in einen Schwarzwaldführer. Der Name ist von der römischen Siedlung *portus* abgeleitet. Aus ihr entwickelten sich später zwei Orte: die mehr städtische Neue Stadt (Stadtrechte 1195) sowie die Alte Stadt mit einem eher dörflichen Charakter. 1455 wurde in Pforzheim der Humanist Johannes Reuchlin geboren. Im 16. Jh. wurde die Stadt zum Sitz der badischen Markgrafen, zwischen 1689 und 1693 schwer von französischen Truppen verwüstet. Ab 1767 siedelte sich in Pforzheim die Schmuck- und Uhrenindustrie an. (E2)

BESICHTIGUNGEN

Alpengarten
In der Parkanlage im Stadtteil Würm werden über 100 000 Hochgebirgspflanzen gezeigt.

Archivturm
Der Turm auf dem Schloßberg ist das einzige Überbleibsel des Pforzheimer Schlosses. Er wurde nach den Zerstörungen des Zweiten Weltkriegs wiederaufgebaut. *Wegen Renovierungsarbeiten zur Zeit nicht zu besichtigen*

Barfüßerkirche
Überreste des ehemaligen Franziskanerklosters in der Barfüßergasse. Im letzten Krieg brannte auch der Chor aus, wurde aber nach 1945 restauriert.

Hagenschießwald
Überreste eines römischen Gutshofes aus dem 2. Jh. n. Chr.

Herz-Jesu-Kirche
Originalgetreuer Wiederaufbau des modernen Sakralgebäudes von 1929. *Jörg-Ratgeb-Straße*

Leitgastturm
Die Ruine auf dem Schloßberg ist das einzige Überbleibsel der mittelalterlichen Stadtmauer.

Rathaus
Moderner, wenig ansehnlicher Betonbau (1968–73) auf dem Marktplatz. Doch die 46 Bronzeglocken seines Glockenspiels locken Besucher und Einheimische an. *Fünfmal tgl.: 8.25, 11.35, 14.35, 17.35 und 20.35 Uhr*

Schloß- und Stiftskirche St. Michael
Die Bauzeit dieses Gotteshauses auf dem Schloßberg begann bereits um 1225. Erst im 15. Jh. kam der Turm der dreischiffigen Stiftskirche dazu. Im Innern sind die Grabmäler der badischen Markgrafen und reicher Pforzheimer Bürger.

MUSEEN

Edelsteinausstellung Schütt
Rohlinge und bearbeitete Edelsteine aus aller Welt. *Goldschmiedeschulstraße 6, Tel. 2 20 01, Mo—Fr 9—12 und 13.30—17 Uhr, Sa 9—12 Uhr, Eintritt frei*

Mineralienmuseum

Große Sammlung aus aller Welt, aber auch aus der Region. *Hirsauer Straße 224, Tel. 3 90, So 10–13 Uhr, Eintritt frei*

Schmuckmuseum

Sehr interessante Ausstellung im Reuchlinhaus inmitten des herrlichen Stadtgartens. *Jahnstraße 42, Tel. 39 23 29, Di und Do–So 10 bis 17 Uhr, Mi 10–20 Uhr geöffnet, Eintritt frei*

Technisches Museum

Ausstellung der Schmuck- und Uhrenindustrie Pforzheims von den Anfängen bis zur Gegenwart. *Bleichstraße 81, Tel. 39 28 69, Mi 9–12 und 15–18 Uhr, 2. und 4. So im Monat 10–12 und 14–17 Uhr, Eintritt frei*

RESTAURANTS

L'Escale

Edelbistro mit ausgezeichneter französischer Küche. Sie war dem Michelin einen Stern wert. *Parkstraße 16, Tel. 3 49 32, Di, Anfang Jan. und Ende Juli–Anfang Aug. geschl., Kategorie 2*

Pyramide

Kleines imtimes Restaurant. Französische Küche bis 21 Uhr. *Dietlingerstraße 25, Tel. 4 17 54, mittags, So und 4 Wochen in den Sommerferien geschl., Kategorie 2*

Silberburg

Gasthaus mit einer ausgezeichneten französischen Küche. Gilbert Noesser bringt beste französische Spezialitäten auf den Tisch. Sehr gute Weinkarte. *Dietlingerstraße 27, Tel. 4 11 59, Mo, Di Mittag und 3 Wochen im Aug. geschl., Kategorie 2*

EINKAUFEN

Wer Schmuck oder Uhren sucht, findet in der Innenstadt von Pforzheim einige interessante Geschäfte und Goldschmiedeläden. Sehr viel preiswerter als anderswo sind die Angebote jedoch nicht.

HOTEL

Maritim Hotel

Das ehemalige Hotel *Goldene Pforte.* Internationaler Standard, gutes Restaurant. Im Foyer im Erdgeschoß befindet sich die größte deutsche Schmuckausstellung (88 Vitrinen). 115 Zi. *Hohenstaufenstraße 6 (Bahnhofsnähe), Tel. 3 79 20, Kategorie 1*

AM ABEND

Marionettenbühne *Mottenkäfig* in der Kirchenstraße; Stadttheater in der Osterfeldstraße

AUSKUNFT

Verkehrsverein

Marktplatz 1, Tel. 0 72 31-39 21 90, 75175 Pforzheim

ZIELE IN DER UMGEBUNG

Bad Liebenzell

Heilklimatischer Kurort (6600 Ew.) im idyllischen Nagoldtal. Sehenswerte *Pfarrkirche* mit einem Fachwerk-Glockengeschoß im spätgotischen Turm. Interessant ist ein Besuch der *Burg* oberhalb des Ortes. Sie wurde von den Grafen von Calw gegründet und 1196 von den Grafen von Eberstein weitergebaut, die sie 1273 an den Markgrafen von Baden verkauften. (E 3)

Calw

Allein die Altstadt von Calw (23 500 Ew.) mit ihren zahlreichen guterhaltenen Fachwerkhäusern lohnt einen Besuch. Ebenfalls gut erhalten ist die Nagold-Brücke mit der St.-Nikolaus-Kapelle (um 1400).

In Calw wurde 1877 der Schriftsteller und Literaturnobelpreisträger Hermann Hesse geboren. Unter dem Titel »Gerbersau« veröffentlichte er eine Reihe von Geschichten, die in Calw und Umgebung spielen. Das 1990 eröffnete Hesse-Museum am Marktplatz zeigt in 10 Räumen die Lebens- und Werkgeschichte des Dichters. *Marktplatz 30, Tel. 0 70 51/75 22, ganzjährig geöffnet, Di–Sa 14–17 Uhr, So 11–17 Uhr, Eintritt 3 Mark* (E 3)

Kloster Hirsau

★ Der Ort Hirsau (2 500 Ew.) ist heute ein Ortsteil von Calw. In Hirsau steht das *Benediktinerkloster*, das oft auch gerne als das »deutsche Cluny« bezeichnet wird, es zählt zu den bedeutendsten Abteien Mitteleuropas. Die ersten Gebäude wurden bereits um 830 am Fuß des Ottenbronner Berges errichtet. Ein Jahrhundert später waren sie bereits baufällig. Papst Leo IX. befahl 1059 den Neuaufbau. 1069 wurde Prior Wilhelm von St. Emmeran aus Regensburg zum Abt berufen. Damit begann der Aufstieg Hirsaus. Von hier aus wurden die Reformgedanken aus Cluny (Burgund) in ganz Deutschland verbreitet und es wurde die Rückkehr zu den reinen Lebensregeln des hl. Benedikt gepredigt. 1091 wurde die sehenswerte romanische Basilika St. Peter und Paul geweiht. (E 3)

Tiefenbronn

Der kleine Ort (4200 Ew.) vor den Toren Pforzheims ist nicht nur für Kunstfreunde ein lohnendes Ziel. Hier steht die katholische Pfarrkirche St. Maria Magdalena, ein schlichter Bau aus dem 14. Jh. mit einer prächtigen Innenausstattung, so z. B. herrliche Glasgemälde. Das berühmteste Werk ist der *Tiefenbronner Altar*, auch Magdalenen-Altar genannt. Er wurde 1525 von Lucas Moser aus Weil für die Stadt geschnitzt und mit Szenen aus dem Leben der Heiligen bemalt.

Nach dem Kunstgenuß lockt die badisch-schwäbische Küche. Tiefenbronn hat gleich drei Möglichkeiten zu bieten: die *Bauernstuben* mit ihren hervorragenden Wildspezialitäten und den guten Preisen, *Louis-Pfeffinger-Platz, Tel. 0 72 34/85 35, mittags und am Di geschl., Kategorie 2*, die *Häckermühle* mit einer feinen badisch-französischen Küche, *Im Würmtal 5, Tel. 42 46, Mo, Di Abend und 7.–21. Jan. geschl., Kategorie 2* sowie die *Ochsen-Post,* ein landesweit bekanntes Traditionslokal, *Franz-Josef-Gall-Straße 13, Tel. 42 79, So abend, Mo, Di Mittag und 23. Dez.–7. Jan. geschl., Kategorie 3* (E 2)

Bad Wildbad

Berühmtes Kurbad (Thermalquellen) des Schwarzwalds (11 000 Ew.). Um die Jahrhundertwende wurde der Ort zum feudalen Kurort für die bessere und beste Gesellschaft. Davon zeugen heute noch das imposante Graf-Eberhard-Bad, das König-Karl-Bad (heute Haus des Kurgastes) und der herrliche Kurpark, der von der Enz durchflossen wird. (D 3)

Mit der Schwarzwaldbahn durchs Gebirge

Wir machen einen Halt in Triberg und besichtigen die Wasserfälle. Dort stürzt sich die Gutach 162 Meter in die Tiefe

Ein Tip vorweg: Wer es sich zeitlich leisten kann, sollte diesen Abschnitt mit der »Schwarzwaldbahn« bereisen, über Berg und Tal, vorbei an den Burgruinen, den wunderschönen Dörfern und kleinen Städten mit ihren Sehenswürdigkeiten (herausragende Museen!). Sie führt von Offenburg nach Singen am Hohentwiel, verläuft also mitten durch unser Gebiet. Das interessanteste Stück ist zwischen Haslach und St. Georgen, dann müht sich der Zug durch die Berge (862 m), durch 36 Tunnels, durch eine herrliche Landschaft. Die 149 Kilometer lange Trasse wurde zwischen 1866 und 1873 angelegt und ist mittlerweile elektrifiziert (Interregio-Züge). Dennoch mutet die Fahrt wie ein Abenteuer an.

Das herrliche Naturschauspiel der Triberger Wasserfälle — im Sommer sind sie leider von Besuchern überlaufen

HASLACH

Haslach, die kleine Stadt (6000 Ew.) im Westen des mittleren Schwarzwalds, eignet sich gut als Stützpunkt für Ausflüge in die Umgebung. Der Ort besitzt einen hübschen historischen Stadtkern, obwohl die mittelalterlichen Bauten nahezu vollständig dem Brand von 1704 zum Opfer fielen. Die meisten der Giebel- und Fachwerkhäuser stammen aus dem 18. Jh. Haslach ist die Heimatstadt des Schwarzwälder Pfarrers, badischen Landtagsabgeordneten und Volksschriftstellers Dr. Heinrich Hansjakob (1837 bis 1916). Seine Geschichten (z.B. »Schneeballen«) schildern die Schwarzwälder Bauern und ihr Brauchtum. Eine Gedenktafel am Marktplatz sowie ein Gedenkstein auf dem Friedhof erinnern an die vielen KZ-Häftlinge, die von 1944—45 bei Außenarbeiten im Stollen »Vulkan« umkamen. (C 7)

Katholische Pfarrkirche
St. Arbogast

Gotteshaus mit zwei Türmen (romanische, gotische und barocke Stilelemente). Besonders sehenswert das Christusfenster im alten Langhaus, das im Auftrag von Pfarrer Hansjakob angefertigt wurde. *Mühlenbacherstraße*

Kloster St. Christophorus

Stattlicher Gebäudekomplex, der Anfang des 17. Jhs. von Kapuziner-Mönchen gegründet wurde. Im Innern die Gemälde »Marienkrönung« (1614) und »Verkündigung« (1630) von Matthäus Gundelach.

Rathaus

Das Gebäude von 1733 ist ein beliebtes Fotomotiv. Daneben: der Sebastiansbrunnen (1738) und eine ehemalige Zehntscheuer (1550). *Hauptstraße*

Hansjakob-Museum

Im Freihof Sammlungen von Schriften des Schwarzwälder Volksdichters und Pfarrers. *Hansjakobstraße 17, Tel. 078 32/47 15, Mi 10–12 und 15–17 Uhr, Fr 15 bis 17 Uhr, vom 1. April–31. Okt. darüber hinaus So 10–17 Uhr. Termine auch nach Vereinbarung, Eintritt 2,50 Mark*

Schwarzwälder Trachtenmuseum

★ Interessante Ausstellung im Kapitelsaal des alten Kapuzinerklosters. Prächtige Hochzeitstrachten, bändergeschmückte Brautkronen sowie eine Kinzigtaler Goldhaube. *Im alten Kapuzi-*

MARCO POLO TIPS FÜR DEN MITTLEREN SCHWARZWALD UND DIE BAAR

1 Freilichtmuseum Vogtsbauernhof
Das älteste Schwarzwälder Gehöft, heute Museum. So lebten die Bauern vor 400 Jahren (Seite 47)

2 Die Wasserfälle von Triberg
Trotz Trubel und Massenandrang. Die Wasserfälle muß man einfach gesehen haben (Seite 50)

3 Königsfeld
Ein König plante — und zwischen Wäldern und Feldern entstand eine Barocksiedlung (Seite 49)

4 Trachtenmuseum von Haslach
Einblick in die (echte) Schwarzwälder Folklore (Seite 46)

5 Die Altstadt von Schiltach
Romantisches Idyll fast bis zum Kitsch. Gerade richtig fürs Fernsehen (Seite 50)

6 Unsere Liebe Frau in Villingen
Besuch des beeindruckenden Münsters, Mittelpunkt der Stadt (Seite 52)

nerkloster, Tel. 0 78 32/47 15, 1. April bis 31. Okt. Di—Sa 9—17 Uhr, So und feiertags 10—17 Uhr, Nov. bis März Di—Fr 9—12 Uhr, So 10—17 Uhr, Termine auch nach Vereinbarung, Eintritt 2,50 Mark

RESTAURANTS/HOTELS

Ochsen
Gasthof mit solider Küche und einigen Fremdenzimmern. 8 Zi. *Mühlenstraße 39, Tel. 24 46, Do nachmittag, Mo geschl., Kategorie 2*

Zur Blume
Ruhiges Gästehaus mit Restaurant im Ortsteil Schnellingen. 25 Zi. *Schnellinger Straße 56, Tel. 23 82, Mo und Mitte Okt.—Mitte Nov. geschl., Kategorie 3*

AUSKUNFT

Verkehrs- und Kulturamt
Klosterstraße 1, Tel. 0 78 32/80 80, 77716 Haslach

ZIELE IN DER UMGEBUNG

Bad Peterstal-Griesbach
Schon im 14. Jh. wurde die heilende Wirkung des kohlensäurehaltigen Mineralbrunnens von Peterstal genutzt. Der Kurbetrieb begann schon im 16. Jh. (C 5)

Gutach
Erholungsort im Gutachtal und vor allem Heimat des berühmten Schwarzwälder Bollenhuts. 4 km nördlich von Gutach befindet sich das ★ *Schwarzwälder Freilichtmuseum Vogtsbauernhof*, mit Hippenseppenhof (einem typischen Haus des Hochschwarzwalds von 1599), einer Hofkapelle, einem Holzkohlenmeiler, sowie einer Sägemühle, die vom Mühlbach angetrieben wird. Mittelpunkt ist der Vogtsbauernhof von 1570 (das älteste erhaltene Gutacher Bauernhaus). *Tel. 0 78 31/2 30, April—Okt. Mo—So 8.30—18 Uhr, Eintritt 6 Mark* (C 6)

Hausach
Die Silbervorkommen im Kinzigtal verschafften Hausach schon im Mittelalter Wohlstand. Eingerahmt von Schwarzwaldhöfen entwickelte sich die Stadt (heute 5000 Ew.) seit dem 12./ 13. Jh. Bereits 1148 wurde erstmals die *Pfarrkirche* (heute Friedhofskirche) erwähnt. Sie hat ein romanisches Langhaus, einen gotischen Chor und im Innern einen frühklassizistischen Hochaltar (1780). Auf der *Burg Husen*, $\frac{1}{2}$ km südlich der Gemeinde, lebte im Hochmittelalter der Minnesänger Friedrich von Husen. (D 7)

Oppenau
Der Luftkurort ist der Hauptort des Oberen Renchtals (5300 Ew.). Seine Gründung verdankt er dem nahegelegenen Kloster Allerheiligen (12 km nördl.). 1299 schenkten die Herren von Schauenburg das Dorf Noppenow der Abtei. Das *Kloster Allerheiligen* im einsamen Lierbachtal unterhalb des Schliffkopfs (1055 m) wurde 1196 von der Herzogin Uta von Schauenburg gegründet. (C 4)

Wolfach
Bis 1894 war Wolfach der Flößerhauptort an der Kinzig. Die gefährliche Arbeit im engen, sehr idyllischen Tal und der Bergbau haben jahrhundertelang für Wohlstand gesorgt. Deshalb bauten auch die Landgrafen von Für-

stenberg 1671–81 eine Burg aus dem 13. Jh. zum residenzähnlichen Schloß aus, von dem die Haupt- und Wirtschaftsgebäude, die Schloßkapelle, die Türme noch bestehen. Heute ist im Schloß das *Städtische Heimatmuseum* mit einer Dokumentation der 900jährigen Stadtgeschichte untergebracht. *Mai–Sept. Di, Do, Sa 14–17 Uhr, So 10–12 und 14 bis 17 Uhr, im Winter Do 14–17 Uhr und am 1. So im Monat 10–12 Uhr und 14–17 Uhr, Eintritt 1,50 Mark.* Wenn Wolfach nicht von Touristen und Narren heimgesucht wird, besuchen Interessierte die Glasproduktion des Ortes. Die *Dorotheenhütte* ist angeblich die einzige Mund-Glasbläser-Hütte des Schwarzwalds. Das Glasmuseum vervollständigt den interessanten Einblick in dieses uralte Schwarzwald-Handwerk. *Tel. 07834-751, tgl. 9–15.30 Uhr, Eintritt 2,50 Mark* (D 7)

SCHRAMBERG

Süddeutschen Narren ist Schramberg (18 500 Ew.) ein Begriff. Gerne erinnern sie sich an den letzten Rosenmontag, an das lustige bis archaische Treiben, vor allem aber an die berühmte »Da-Bach-na-Fahrt«. Das klingt schon ziemlich angeheitert, ist es auch: 40 mit Narren besetzte Waschzuber treiben auf dem Schwarzwald-Fluß Schiltach ins Ungewisse. Die Strecke ist zwar nur einen halben Kilometer lang, aber sie hat es in sich. Um den Sturz ins eiskalte Winterwasser heil zu überstehen, sind zwei Schnäpse vor dem Start und zwei nach der Ankunft Pflicht. Dieser Brauch lockt jedes Jahr bis zu

30 000 Neugierige an, die fleißig den Waschzuberkapitänen zuprosten.

Bekannt wurde Schramberg über Süddeutschland hinaus durch die Uhrenfabrik (1861 gegründet) der Familie Junghans. Um die Jahrhundertwende war Junghans das größte Uhrenwerk der Welt. (D–E 8)

BESICHTIGUNGEN

Alte katholische Pfarrkirche

Der Kirchturm mit seiner Doppelzwiebelkuppel von 1717 ist das Wahrzeichen der Stadt. *Am Brestenberg*

Alte St.-Laurentius-Kirche

Das Gotteshaus im Stadtteil Sulgen hat einen Stufengiebelturm, der um 1490 vermutlich aus einem noch älteren Wehrturm entstanden ist. *Sulgauerstraße*

Burgruine Falkenstein

Herzog Ernst v. Schwaben soll bis zu seinem Tod im Jahr 1030 auf dieser Burg gelebt haben.

Burgruine Hohenschramberg

Die Festung wurde 1457–59 von Hans von Rechberg gebaut und von seinen Nachfolgern zu einer der größten Bergburgen erweitert. 1633 wurde Hohenschramberg von den Württembergern eingenommen und teilweise zerstört. Die Freiherren v. Bissingen und Nippenburg bauten sie wieder auf, bis 1689 die Truppen des französischen Königs Ludwig XIV. kamen, die Festung anzündeten und danach schliffen.

Burgruine Schilteck

Burg aus der Zeit um 1200. Wer sie baute, ist nicht bekannt.

Falkensteiner Kapelle

Das Kirchlein muß bereits um die Jahrtausendwende existiert haben, denn 1004 wurde es in einer Urkunde erwähnt. Das ursprünglich romanische Gebäude wurde im 14. Jh. gotisch umgebaut und im Dreißigjährigen Krieg nahezu vollständig zerstört. *Werneckstraße, gegenüber dem Schwimmbad*

Römerkastell

78 n. Chr. erbaute Festung der römischen Legionen, ein Militärlager für 500 Soldaten, im heutigen Stadtteil Waldmössingen gelegen. Das älteste Bauwerk der Stadt. Das Kastell lag an der römischen Straße von Straßburg nach Rottweil.

Schloß

Das klassizistische Gebäude in der Bahnhofstraße wurde 1841 bis 43 von den Grafen von Bissingen erbaut.

MUSEUM

Stadtmuseum im Schloß

Es werden Ausgrabungen von der Ruine Hohenschramberg, Uhren, Steingut und Strohflechtereien gezeigt. *Bahnhofstraße 1, 1. Mai—15. Sept. Di—Fr 10—12 und 14—18 Uhr, Sa, So 10—12 und 14 bis 17 Uhr, 16. Sept.—31. März Di—Fr 14—18 Uhr, Sa, So 10—12 und 14 Uhr, Eintritt frei*

RESTAURANTS

Burgstüble

❀ Lokal in der Nähe der Burgruine Hohenschramberg, phantastische Aussicht. 6 Zi. *Hohenschramberg Nr. 1, Tel. 7773, Mi Abend und Do geschl., Kategorie 3*

Hirsch

Gemütliches Lokal mit gehobener Küche, günstige Preise. 5 sehr gut ausgestattete Fremdenzimmer. *Hauptstraße 1, Tel. 2 05 30, So abend, Mo, Di Mittag und 3 Wochen in den Sommerferien geschl., Kategorie 2*

HOTELS

Drei Könige

Angenehmes Haus im Ortsteil Sulgen, Abendessen nur für Hausgäste. 17 Zi. *Birkenhofweg 10, Tel. 5 40 91, 18. Juli—11. Aug. geschl., Kategorie 2—3*

Parkhotel

Ruhiges Hotel in der ehemaligen klassizistischen Junghans-Villa im Stadtpark. Die Küche bietet auch vegetarische Gerichte an. 11 Zi. *Restaurant So Abend und Mo geschl., Tel. 2 08 18, Hotel im Juli geschl., Kategorie 2*

AUSKUNFT

Städtisches Verkehrsbüro

Hauptstraße 25, Tel. 0 74 22/ 2 92 15, 78713 Schramberg

ZIELE IN DER UMGEBUNG

Königsfeld

★ Kurort mitten im Wald (5 600 Ew.). Königsfeld wurde 1804 von der Herrnhuter Brüdergemeinde gegründet und erhielt 1806 das Dekret des Württembergischen Königs. Es ist schachbrettartig angelegt. Im Mittelpunkt das zweiflügelige Gemeindehaus. Im weißen Empiresaal steht die Orgel, auf der Albert Schweitzer oft gespielt hat, sein Wohnhaus befindet sich etwa 300 m nordwestlich. (E 8)

Prächtige Fachwerkbauten umgeben den Marktplatz von Schiltach

St. Georgen

Fast 1000 m hoch gelegener Kur- und Wintersportort (15 000 Ew.) mit Natureisbahn und markierten Langlaufloipen. 1083 wurde in St. Georgen eine *Benediktiner-Abtei* gegründet, die im Einklang mit dem Kloster Hirsau der verlängerte ideologische Arm des burgundischen Kirchenzentrums Cluny war. Die Anlage wurde 1633 vollständig zerstört und verfiel danach. (D 8)

Schiltach

★ Ein städtebauliches Idyll ohnegleichen − die Altstadt steht unter Denkmalschutz. Im Mittelpunkt: ein stattliches Renaissance-Rathaus mit einem alten Marktbrunnen davor, umrahmt von herrlichen Fachwerkhäusern. Die engen Straßen werden bisweilen von gepflasterten »Stäpfle« (Treppengäßchen) verbunden. Über der Stadt (4000 Ew.) thront die Burgruine, von der allerdings nur noch die Grundmauern übriggeblieben sind. Und weil es gar so schön ist in Schiltach, haben die Produzenten der deutschen TV-Serie »Schwarzwaldklinik« einen Teil der Außenaufnahmen hier abgedreht.

Museum *Schüttesäge mit Flößerstube am Markt, Di−So 10−12 und 14−16 Uhr, Eintritt frei* (D 7)

Triberg

Wer den Trubel mag, ist hier richtig: ein Heilklimatischer Kurort (6300 Ew.) wie aus dem Tourismus-Bilderbuch. Tandlädchen überall, Busse und im Sommer bisweilen Zuschauerschlangen, die sich vor »Deutschlands schönstem Naturwunder« stauen. Gemeint sind die ★ *Triberger Wasserfälle*. Das Flüßchen Gutach stürzt sich 163 m tief zu Tal − fürwahr ein prächtiges Bild.

Doch auch für die stilleren Zeitgenossen hat Triberg noch einiges zu bieten: die Wallfahrtskirche Maria in der Tanne, das Rathaus mit seinen Holzschnitzarbeiten (im Ratssaal), das Denkmal des »Schwarzwaldbahn-Vaters« Robert Gerwig (1820—85) am Bahnhof, das *Schwarzwaldmuseum* mit einem Modell der Schwarzwaldbahn, *Mai—Sept. tgl. 8—18 Uhr, Okt.—März tgl. 10—12 und 14—17 Uhr, 15. Nov.—15. Dez. geschl., Eintritt 4 Mark* — und das *Parkhotel Wehrle*. Die Preise des letzteren halten Gott sei Dank die Fastfood-Fans aus den Reisebussen ab, obwohl sie wirklich nicht der Höhe der Triberger Wasserfälle entsprechen. Ach ja, da kommt man aus dem Trubel in das stille Reich des Genusses, und man möchte sich nie mehr erheben und rausgehen, nur noch die Forellen-Spezialitäten des Patrons Claus Blum genießen, die Desserts, das Kirschwasser. Selbst die Rechnung vermag die Freude nicht zu trüben. *Parkhotel Wehrle, Gartenstraße 24, Tel. 07722/86020, 56 Zi, Kategorie 2 (D 8)*

VILLINGEN-SCHWENNINGEN

Streng genommen gehört Villingen-Schwenningen nicht mehr zum Schwarzwald. Und noch strenger genommen sind es zwei Städte, die da 1972 im Zuge einer bürokratischen Kommunalreform am grünen Tisch verheiratet worden sind. Aber beide Gemeinden besitzen so viele historische und traditionelle Elemente des Schwarzwalds, daß man über sie als über eine Stadt (80 000 Ew.) berichten muß.

Villingen wurde urkundlich 817 erstmals als »ad Filingas« erwähnt, 1218 wurde es Reichsstadt. Nach einem Streit mit den Zünften stellte sich Villingen 1326 freiwillig unter den Schutz von Herzog Albrecht von Österreich, in Folge gehörte es fast die nächsten 500 Jahre zu Österreich. 1803 kam die Stadt an Modena, 1805 an das Königreich Württemberg und ein Jahr später an das Großherzogtum Baden.

Schwenningens erste schriftliche Erwähnung als »Swaninga« liegt im Jahr 895, 1140 ist es als Gerichtsstätte der Zähringer bezeugt. In den Bauernkriegen wurde der Ort bis auf drei Häuser völlig eingeäschert, im Dreißigjährigen Krieg erneut zerstört. Mitte des 18. Jhs. begannen die ersten Uhrmacher in Schwenningen mit ihrem Handwerk. Das Dorf entwickelte sich im Gegensatz zu Villingen zum Industrie-Standort. Produziert wurden hauptsächlich Uhren und Schuhe. 1907 galt die Gemeinde als »größte Uhrenstadt der Welt«. 30 Jahre später gab es in Schwenningen 25 Fabriken, in denen 25 000 Arbeiter täglich 50 000 Uhren herstellten. Noch 1960 war die Stadt deutscher Uhren-Spitzenreiter. Acht Millionen Stück wurden pro Jahr produziert. In den 70er Jahren setzte die große Konkurswelle ein. (E 9)

Altes Rathaus
Spätgotischer, dreigeschossiger Bau (1534) in der Villinger Rathausgasse. Seitenturm mit Renaissanceportal, holzgetäfelter Ratssaal.

Altstadt von Villingen
Zahlreiche denkmalgeschützte historische Gebäude im Stadt-

kern. *Das städtische Verkehrsamt (siehe Auskunft) veranstaltet von Mai–Okt.Mi um 15 Uhr und Sa um 10 Uhr Führungen durch die Altstadt, ganzjährige Führungen durch Villinger Kirchen und Klöster jeden Fr um 15 Uhr*

Ehemaliges Benediktinerkloster

Das Kloster St. Georgen baute in Villingen (Schulgasse) im 12. Jh. einen Pfleghof, aus dem sich später ein Benediktinerkloster entwickelte. 1662 wurde mit dem Bau der Benediktinerkirche begonnen. Erst 1756 wurde sie mit dem Bau des Barockturms fertiggestellt.

Ehemaliges Franziskanerkloster

1268 rief Heinrich von Fürstenberg die Franziskaner nach Villingen. Die alte, 1204 geweihte Kirche des Klosters brannte 1704 ab. Auf Befehl des Prinzen Eugen wurde sie unter Verwendung der alten Bauteile in der Rietgasse wiederaufgebaut.

Ev. Pfarrkirche in Villingen

1253 kamen die Johanniter auf Bitte Heinrichs von Fürstenberg in die Stadt. Sie bauten im 14. Jh. eine Kirche mit Zeltdachturm, die bis heute erhalten ist. *Gerberstraße*

Ev. Stadtkirche Schwenningen

Als St.-Vinzenz-Kirche wurde sie im 15. Jh. gebaut, brannte jedoch 1525 und 1633 bis auf den Turm ab. Um 1700 wurde sie wieder einschiffig aufgebaut. *Kronenstraße 7*

Klosterhof St. Blasien

Der Villinger Pfleghof der Abtei von St. Blasien in der Josephsgasse wurde 1663 gegründet.

Loretto-Kapelle

Während des länderübergreifenden Spanischen Erbfolgekriegs Anfang des 18. Jhs. belagerte der französische Marschall Tallard die österreichische Stadt Villingen. Als er wieder unverrichteter Dinge abgezogen war, errichteten die Stadtväter aus Dank über die schier wundersame Rettung diese Kapelle westlich der Stadt. *An der Hammerhalde*

Münster Unserer Lieben Frau

★ Die katholische Pfarrkirche am Villinger Münsterplatz stammt aus dem 13. und 14. Jh. Allerdings wurden beim Bau Teile der romanischen Dreiapsidenkirche verwendet, die bereits im 12. Jh. an dieser Stelle stand und beim Stadtbrand von 1271 zerstört wurde. So entstand eine dreischiffige Pfeilerbasilika mit zwei Osttürmen. Um 1700 wurde die Kirche barockisiert. Im Innern: die spätgotische Steinkanzel; der neugotische Hochaltar; das Renaissance-Chorgestühl; ein gotischer Kruzifix (um 1340); 14 Gemälde, welche die Freuden und Schmerzen der Jungfrau Maria darstellen.

Radmacherbrunnen

Denkmal in der Villinger Rietstraße. Es erinnert an die gewonnene Wette eines Wagners: Er hatte 1562 in einem Tag ein Rad angefertigt und es nach Rottweil (heutige Straßenentfernung: 20 km) und zurück getrieben.

Rathaus von Villingen

Gemeint ist das neue Rathaus am Münsterplatz, das vermutlich älter ist als das alte in der Rathausgasse. Es ist das ehemalige Pfarrhaus des Villinger Münsters, ein gotischer Bau. Im Treppengiebel befindet sich ein Sandsteinkreuz aus dem 16. Jh.

MUSEEN

Franziskaner-Museum

Sehr interessante Exponate aus Villingens Vor- und Frühgeschichte, u. a. ein Fürstengrab aus der Späthallzeit, Funde aus der Grabkammer am Magdalenenberg. Ausgestellt werden sie in der ausgemalten Kapelle (15. Jh.) des ehemaligen Villinger Franziskaner-Klosters. *Rietstraße 39, Tel. 8 24 08, Di–Fr 15–17 Uhr, Do, Sa, So 10–12 Uhr, feiertags geschl., Eintritt 2 Mark*

Heimat- und Uhren-Museum

Interessantes Museumsgebäude: 1697 als Bauernhof gebaut, dann über 150 Jahre lang Lehrerhaus und von 1873 bis 1921 Kneipe. Es zeigt die Orts- und Industriegeschichte. *Kronenstraße 16, Tel. 39 82 82, Mo–Fr 10–12 und 14 bis 17 Uhr, 1. und 3. So im Monat nur 14–17 Uhr, Eintritt 2 Mark*

RESTAURANT/HOTEL

Am Franziskaner

Der »Gault Millau 92« jubelte: »Endlich hat auch Villingen-Schwenningen ein angemessenes Stadthotel.« Lage: in Villingens Fußgängerzone, mit ruhigen, komfortablen Zimmern. Eigene Bäderabteilung, zwei gute Restaurants (*Katharinenstube* und *Mohrenstube*) 98 Zi. *Rietstraße 27–31, Tel. 29 70, Katharinenstube So und Mo geschl., insgesamt Kategorie 2*

Bosse

Ruhig gelegenes Hotel im Villinger Kurgebiet, Restaurant. 36 Zi.

Oberförster-Ganter-Straße 9, Tel. 5 80 11, Kategorie 2

Ochsen

Gehobene regionale und internationale Küche in Schwenningen. 40 Zi. *Bürkstraße 59, Tel. 3 40 44, So geschl., Kategorie 2*

AUSKUNFT

Verkehrsamt Villingen-Schwenningen

Rietstraße 8, Tel. 0 77 21/82 23 40, 78050 Villingen-Schwenningen

ZIELE IN DER UMGEBUNG

Donaueschingen

Sehr schöne, altertümliche Stadt (18 000 Ew.). Sehenswert sind das Schloß (1772), die barocke Pfarrkirche St. Johann, die Gemäldegalerie im Karlsbau (Bilder von Matthias Grünewald) und die Hofbibliothek (130 000 Bände) mit 1150 alten Handschriften. Besonders bekannt ist die sogenannte Donauquelle im Schloßpark, obwohl die Donau überhaupt nicht in Donaueschingen entspringt. (E 9)

Rottweil

Ehemalige Freie Reichsstadt mit herrlichem historischem Stadtbild, älteste Stadt von Baden-Württemberg (23 500 Ew.). Sie liegt am oberen Neckarlauf. Es gibt viel zu sehen, u. a. römische Ausgrabungen (Freilichtmuseum Römerbad); das Heiligkreuzmünster, eine barocke Predigerkirche; die Kapellkirche mit einem 70 m hohen Turm; der Hochturm, ein ehemaliger Wach- und Gefängnisturm; die Burgruinen Neckarburg und Alt-Hohenstein. (F 8)

Deutschlands sonnenverwöhnteste Ecke

Sie mögen ein Viertele schlotze? Die Badische Weinstraße führt Sie zu den Winzern der Ortenau und des Kaiserstuhls

Der Schwarzwald ist ein mächtiges Gebirge, finster, eher verschlossen. Doch diese Landschaft ist so ganz anders. Im Osten die Berge, die sanft ins Rheintal abfallen. Dann die Ebene. Uraltes Kulturland. Die Römer brachten den Wein mit, der hier seit Jahrtausenden wächst und gedeiht. Den Menschenschlag prägt. Und so bereisen wir die Badische Weinstraße, 180 km lang, von Baden-Baden bis nach Weil am Rhein, an der Grenze zur Schweiz. Wir kommen durch die Ortenau, dem berühmten Anbaugebiet, durchs Durbachtal, trinken und speisen am Kaiserstuhl, fahren durch die Dörfer und Städtchen des Markgräfler Lands und besuchen eine der schönsten und liebenswertesten deutschen Großstädte, die Hauptstadt des Schwarzwalds.

Eingebettet in die sanften Rebhügel des Kaiserstuhls liegt das Weindorf Oberbergen (Großgemeinde Vogtsburg)

FREIBURG

★ Wo gibt es das sonst noch in Deutschland? Sie leben in einer alten historischen Universitäts-Großstadt, nicht zu groß, nicht zu klein, etwa 180 000 Ew., mit allen infrastrukturellen und kulturellen Vorteilen. Sie gehen zur Hintertür hinaus und sind in einem Gebirge, einem weltbekannten Wander- und Wintersportparadies. Sie gehen zur Vordertür raus — und betreten eine der reizvollsten Weinlandschaften Deutschlands. Der Süden liegt spür- und greifbar näher als irgendwo sonst in diesem Land: Nach Basel oder Straßburg fahren Sie eine Stunde, ins Elsaß schauen Sie mal eben zum Abendessen rüber. Oder Sie bleiben ganz einfach zu Hause, blinzeln in die milde Sonne, bedauern den Rest des verregneten Deutschlands, denn Sie wissen: Sie haben das beste Wetter. Was für eine Stadt! Man müßte sie erfinden — ja, wenn es sie nicht schon gäbe. Freiburg im Breis-

55

MARCO POLO TIPS FÜR DIE WEINLANDSCHAFTEN

1 Freiburg
Das Münster, die Altstadt, die Bächle, die Weinstuben (Seite 55)

2 Kaiserstuhl
Am besten zum »Herbschte«, wenn die Weinlese begonnen hat und alle Dörfer nach Most und Neuem Wein duften (Seite 65)

3 St. Cyriak in Sulzburg
Die berühmte romanische Klosterkirche und ihre Kunstschätze. Sehenswerte Krypta (Seite 68)

4 Isteiner Klotz
Mitten in der Rheinebene erhebt sich eine bizarre Kalkfelsen-Formation (Seite 67)

5 Durbachtal
Weinland par excellence. Wandern, essen, trinken, genießen (Seite 71)

6 Gengenbach
Historische Altstadt unter Denkmalschutz, mit kleinen Weinstuben und romantischen Gassen. Ein Besuch im Mittelalter (Seite 71)

gau, Hauptstadt des Schwarzwalds. Hier hat die vermeintliche Provinz eine Qualität erreicht, von der man in den deutschen Millionen-Zentren nur träumen kann.

Das milde Klima, der unvergleichliche Standort in einer geschützten »Bucht« des Schwarzwalds, am Rand der Oberrheinischen Tiefebene, hat seit dem Mittelalter die Menschen angelockt. Die Zähringer Herzöge, offenbar ein vorausschauendes Geschlecht, gründeten die Stadt – und starben aus. So mußten sie die Kriege nicht miterleben, nicht die Pestepidemien, nicht die Zerstörungen. Aber die Geschichte besteht nicht nur aus Biestigkeiten. Kaiser und Könige beehrten Freiburg, Humanisten wie Erasmus von Rotterdam lebten hier. Das herrliche Münster wurde gebaut, der Reichstag tagte, 1457 gründete Erzherzog Albrecht VI. die gleichnamige Universität, sogar Napoleon stieg im Freiburger Gasthof *Zum Mohren* ab – und das als Freund. Und: Die Stadt gehörte für Jahrhunderte (1368–1806, mit zwanzigjähriger Unterbrechung durch französische Herrschaft 1677–1697) zu Österreich – für manche unverbesserliche Deutsche eine nationale Schande, für Freiburg aber die sympathische Hinwendung zur gemütlicheren, lebensfroheren Gangart, auf gut badisch: »Numme nit hudle!« Ein Bombenangriff im November 1944 hat diese Insel der Träume weitgehend zerstört.

Bei Kriegsende waren nur noch fünf Prozent der Häuser unversehrt. Ein rasches, dennoch wohlüberlegtes Aufbauprogramm entstand. Die Altstadt wurde weitgehend mustergültig instandgesetzt. Die Bächle, jene kleinen mittelalterlichen Feuerwehrkanäle, fließen wieder durch die Gassen. Die Stadt hat darüber hinaus durch die Nähe der Grenzen europäisches Flair bekommen, auch durch die Uni: Zur Zeit studieren hier 30000 junge Menschen.

Freiburg ist eine Weinstadt, der Freiburger ein Weinkenner. Diese Fähigkeit sollte der Fremde nie anzweifeln. Der »Bobble«, so nennen sich die Eingeborenen, weiß genau, was er im Glas hat, er trainiert täglich. (B 9)

BESICHTIGUNGEN

Adelhauser Neukloster
Die Anlage in der Adelhauser Straße entstand 1687–99. Höhepunkt im Innern: Das Kruzifix aus dem 14. Jh., eine Sandsteinstatue der hl. Katharina (13. Jh.), die Altäre (17.–18. Jh.). Die ehemaligen Klostergebäude gehören heute zum Komplex der Museen für Natur- und Völkerkunde. *Eingang Gerberau Nr. 32*

Altes Rathaus
Sehr schöner Bau mit Renaissance-Giebel (1557–59). Über der Uhr das Doppelwappen, das an die österreichische Herrschaft über Freiburg von 1368 bis 1806 erinnert. Im Rathaushof steht die restaurierte Gerichtslaube von 1280. *Am Rathausplatz*

Alte Universität
Früheres Jesuitenkolleg, 1683 gebaut. Der Innenhof wird von Arkaden umschlossen, an welche die Universitätskirche im Barockstil (1692–1700) gebaut wurde. *Bertoldstraße*

Basler Hof
Das prächtige Gebäude in der Kaiser-Joseph-Straße wurde 1496 für den Hofkanzler von Kaiser Maximilian, Konrad Stürzel von Buchheim, errichtet. Zur Zeit der Reformation fand hier das vertriebene Basler Domkapitel Exil. Danach zog die Regierung von Vorderösterreich ein. Heute ist der Basler Hof Sitz des Regierungspräsidiums.

Bertoldsbrunnen
Am Schnittpunkt Bertoldstraße/Kaiser-Joseph-Straße steht seit 1965 der Brunnen.

Haus zum Ritter
1765 am Münsterplatz erbaut, Ständehaus der Breisgauischen Ritterschaft. Seit 1832 das Erzbischöfliche Palais.

Haus zum Walfisch
Das spätgotische Haus in der Franziskanergasse wurde 1516 als Alterssitz für Kaiser Maximilian gebaut. Von 1529–31 wohnte hier der berühmte Gelehrte und Philosoph Erasmus von Rotterdam. Herrlicher Erker. Heute Sitz der Sparkasse.

Kaufhaus
Es muß eine Lust gewesen sein, hier zu kaufen: 1523 wurde am Münsterplatz das erste Freiburger Kaufhaus als Mittelpunkt des städtischen Handels eröffnet. Herrliches Gebäude im Stil der Backstein-Renaissance mit Staffelgiebeln, zwei spitztürmigen Erkern und einer Arkadenvorhalle. Die Außenfront des zweiten Geschosses wird von vier Kaiserfiguren (Maximilian I., Philipp II., Karl V. und Ferdinand I.) verziert.

Martinstor

Der Torturm in der Kaiser-Joseph-Straße wurde um 1200 errichtet und um 1900 aufgestockt.

Münster Unserer Lieben Frau

Das Freiburger Münster, Wahrzeichen der Stadt, gehört zu den schönsten Kirchen Mitteleuropas. »Der schönste Turm der Christenheit« (Jacob Burckhardt, Kulturhistoriker des 19. Jhs.) ragt 116 m in den Himmel.

Herzog Berthold V. von Zähringen gab um 1200 den Auftrag, ein würdiges Grabmal für seine Familie zu bauen. 300 Jahre später war das Münster fertiggestellt: romanisches Querhaus und »Hahnentürme« (Anf. 13. Jh.), gotisches Langhaus mit dem Mittelschiff und zwei Seitenschiffen, gotisches Turmportal mit einem wundervollen Tympanon. Dann der Turm in reinster Gotik — immer schlanker, immer filigraner steigt er nach oben. Die Spitze ist ein achteckiger durchbrochener Pyramidenhelm aus Kleeblattrosen. Man kann innen hochsteigen (328 Stufen) und die einzelnen Bauelemente aus der Nähe betrachten. Allerdings ist das eine Treppentour nur für Schwindelfreie. Oben haben Sie eine phantastische Aussicht über die Stadt, den Schwarzwald, den Kaiserstuhl und die Rheinebene bis hinüber zu den Vogesen. Im Glockenstuhl über der Wächterstube hängt die »Hosanna«, 5 Tonnen schwer, 1258 gegossen, sie gehört zu den ältesten Glocken Deutschlands.

Im Innern: Der Dom ist 125 m lang, 30 m breit, 27 m hoch. Schöne Glasfenster als Stiftun-

Das steinerne Filigran des Feiburger Münsters, ein Meisterwerk der Gotik von europäischem Rang

gen der mittelalterlichen Zünfte und reicher Patrizierfamilien sind in den Seitenschiffen des Langhauses zu sehen. Der Hochaltar (1516) mit Darstellungen aus dem Leben der Jungfrau Maria ist das bedeutendste Werk von Hans Baldung. Weitere faszinierende Kunstschätze. Es finden mehrsprachige Führungen statt. *Die Zeiten entnehmen Sie dem Anschlag an der Nikolauskapelle im südlichen Hahnenturm. Nähere Auskünfte: Dompfarramt, Herrenstraße 36, Tel. 3 10 99*

Neues Rathaus

Es entstand 1901 aus zwei Bürgerhäusern (16. Jh.), die zur Universität gehörten. Im Innenhof des Rathauses werden im Sommer Konzerte und Theaterstücke aufgeführt. Im Keller befindet sich das »Wallgrabentheater«. *Glockenspiel tgl. 12.05 Uhr, Am Rathausplatz*

Rathausplatz

Im Mittelpunkt eines historischen Stadtensembles. Brunnen mit Denkmal für den Mönch Berthold Schwarz, der im 13. Jh. in Europa das Schießpulver (Schwarzpulver) erfunden haben soll.

Schwabentor

Mächtiger Torturm (um 1290) in der Salzstraße, Teil der alten Stadtbefestigung. An seiner Stadtseite ist das berühmte Schwabenbild zu erkennen.

Schwarzes Kloster

Johann Baptist Heinze baute 1708–10 die Barockkirche St. Ursula. *Rathausgasse*

Stadtpfarrkirche St. Martin

Kirche eines ehemaligen Franziskanerklosters. Ein Teil des Kreuzganges ist noch erhalten. Im südlichen Seitenschiff hängt das Martinfresko, die älteste Stadtansicht von Freiburg (1480). *Am Rathausplatz*

MUSEEN

Augustinermuseum

Mittelalterliche Kunst und Kunsthandwerk sowie Glasfenster und Originalskulpturen aus dem Münster, ausgestellt im ehemaligen Augustinerkloster. *Salzstraße 8, Tel. 2 16 33 00, Di–Fr 9.30–17 Uhr, Sa, So 10.30–17 Uhr, Mo geschl., Eintritt frei*

Museum für Neue Kunst

Hauptsächlich oberrheinische Kunst des 20. Jhs. bis zur Gegenwart. *Marienstraße 10 a, Tel. 2 16 36 71, Di–Fr 9.30–17 Uhr, Sa, So 10.30–17 Uhr, Mo geschl., Eintritt frei*

Museum für Völkerkunde

Ausstellungsstücke aus vier Erdteilen, Schwerpunkt Ostasien. *Adelhauserstraße 33, Tel. 2 16 33 24, Di–So 9.30–17 Uhr, Mo geschl., Eintritt frei*

Museum für Ur- und Frühgeschichte

Der Oberrhein von der Altsteinzeit bis zum frühen Mittelalter. *Colombischlößle im Colombipark, Tel. 2 16 33 11, tgl. 9–19 Uhr, Eintritt frei*

Zinnfigurenklause

Modelle und Figuren zur Darstellung der oberrheinischen Bauernkriege. Im Nebengebäude des Schwabentors, *Salzstraße, Tel. 2 43 21, 18. Mai–Anf. Okt. Di bis Fr 14.30–17.30 Uhr, Sa, So 11.30–13.30 Uhr, Eintritt frei*

Zunfthaus der Breisgauer Narrenzunft

Freiburger Fastnachtsmuseum. *Turmstraße 14, Tel. 2 26 11, Sa 10 bis 15 Uhr und nach Vereinbarung, Eintritt frei*

RESTAURANTS

Colombi

Das Freiburger Star-Restaurant im Freiburger Star-Hotel. Wer das große Ambiente mag, ist hier richtig. Sogar die Rösti werden getrüffelt gereicht. *Rotteckring 16, Tel. 2 10 60, So (im Sommer) geschl., Kategorie 1*

Eichhalde

Echte Franzosen kochen hier unverfälscht. Probieren Sie die Ente! Preisgünstiges Mittagsmenü. *Im Freiburger Villenviertel Herdern, Stadtstraße 91, Tel. 5 48 17, Sa Mittag und Di geschl., Kategorie 1*

Enoteca

Ambitionierte italienische Küche, gute Weinkarte und gehobenes Szene-Publikum. Hat auch schon eine Filiale: Enoteca II. *Schwabentorplatz 6, Tel. 3 07 51, So geschl., Kategorie 2*

Großer Meyerhof

Gutbürgerlich, man bekommt was Anständiges für sein Geld. *Grünwälderstraße 7, Tel. 2 25 52, Mo (ab 14 Uhr), Di geschl., Kategorie 3*

Kaiserstühler Weinkeller

↟ Ein Treff für die Yuppies unter den Weinnasen in einem historischen Gewölbekeller in der Altstadt. Gourmetbuffet, dazu Kaiserstühler Weine oder Sekte »sürpfle, nit suffe«. *Atrium am Augustinerplatz, So Mittag geschl., Kategorie 2*

Markgräfler Hof

Der »Gault Millau 92« regte sich über Pfeifenraucher im Lokal auf und schrieb entsprechend wüst. Man kann's übertreiben. Die Küche ist exzellent, das Angebot an Bordeaux-Weinen herausragend. *Gerberau 22, Tel. 3 25 40, So, Mo Mittag, 2 Wochen im Sommer geschl., Kategorie 1–2*

Oberkirchs Weinstuben

↟ Hocken, essen, zechen, miteinander reden. Schön! Pfeifenraucher zugelassen. Um 24 Uhr ist eh Schluß. *Münsterplatz 22, Tel. 3 10 11, So und feiertags geschl., Kategorie 2*

Ratskeller

Was wäre so eine Stadt ohne Ratskeller. Deftig-badische Küche, badische Weine. *Münsterplatz 11, Tel. 3 75 30, Mo und So Abend geschl., Kategorie 2*

Zähringer Burg

Beste Küche in einem ausgesprochen gemütlichen Rahmen aus dem 18. Jh. Das Lieblingslokal vieler Freiburger. *Ortsteil Zähringen, Reutebachgasse 19, Tel. 5 40 41, So Abend, Mo und in den letzten 3 Wochen der Sommerferien geschl., Kategorie 1*

Zur Tanne

In der Frühsommerzeit ein Muß. Es gibt Spargel, nur Spargel. In allen Variationen. *Im Ortsteil Opfingen, Altgasse 2, Tel. 0 76 64/18 10, Di (außerhalb der Spargelsaison) geschl., Kategorie 2*

EINKAUFEN

Shopping in der Altstadt — wir empfehlen die Konviktstraße mit ihren kleinen Boutiquen, Antiquitätengeschäften und Antiquariaten. In der Rathausgasse finden Sie Weine, Obstwässerle, Schwarzwälder Speck und Brot-Spezialitäten, ebenso in der Schusterstraße. Exklusive Mode in der Dreisam-Passage. Die lukullische Vielfalt der Schwarzwälder Spezialitäten entdecken Sie in der »Schwarzwald-City« zwischen Rathaus und Siegesdenkmal. Hier sei auch eine Adresse für Schleckermäuler verraten: *Honey* — original Schwarzwälder Tannenhonig, Gelee Royale etc., Merianstraße 1, Tel. 38 17 80. Einkaufsparadies und Augenschmaus ist der Bauernmarkt (tägl. außer So) auf dem Münsterplatz. Drüber schlendern und am nächsten Wurststand eine »Rote« mit Zwiebeln verspeisen. Die *Markthalle* zwischen Martinsgäßle und Grünwälderstraße am Martinstor ist jeden Tag geöffnet.

HOTELS

Colombi-Hotel
Das erste Haus am Platz. Liegt am Colombi-Park mit Colombi-Schlößle. 94 Zi. *Rotteckring 16, Tel. Tel. 3 14 15, Kategorie 1*

Gasthaus Hirschen
Einfaches Hotel, Diätküche, falls erwünscht. 20 Zi. *Breisgauerstraße 47, Tel. 8 21 18, Kategorie 3*

Markgräfler Hof
Wohnen im ehemaligen Stadtpalais von 1476, 18 Zi. *Gerberau 22, Tel. 3 25 40, Kategorie 2*

Oberkirchs Weinstuben
Das Hotel zu Freiburgs bekanntestem Weinlokal. Ideale Kombination: Unten Viertele schlotze, oben schlafen, 25 Zi. *Münsterplatz 22, Tel. 3 10 11, Kategorie 1–2*

Panoramahotel Mercure
Glas-Beton-Bau im Grünen mit Pool im obersten Geschoß. Blick aufs Freiburger Münster. 85 Zi. *Stadtteil Herdern, Wintererstraße 89, Tel. 5 10 30, Kategorie 1–2*

Rappen
Ideale Lage in der Stadtmitte am Münster, 19 Zi. *Münsterplatz 13, Tel. 3 13 53, Kategorie 2*

Zum Roten Bären
Laut Eigenwerbung Deutschlands ältester Gasthof. Ein Teil der Bausubstanz geht auf das Jahr 1091 zurück. Seit 1311 ununterbrochen Gasthaus mit lükkenlosem Wirte-Nachweis. 25 Zi. *Oberlinden 12, Tel. 3 69 13, Kategorie 1*

Jugendherberge
Kartäuserstraße 151, Tel. 6 76 56

AM ABEND

Bier und Speck
⚓ Weinstube mit Garten, *Münsterplatz 18–20, Tel. 3 43 67*

Engler's Weinkrügle
Weinstube, *Konviktstraße 12, Tel. 38 31 15, Mo geschl.*

Hemingway
⚓ Weinstube mit Wintergarten. *Eisenbahnstraße 54, Tel. 3 18 81*

Jazzhaus
⚓ Manche behaupten, es sei Europas beste Jazzkneipe. Es gibt jeden Abend ein Konzert, sowohl von Stars als auch unbekannten Musikern. *Schnewlinstraße 1, Tel. 3 49 73*

Jumbo's Wirtshaus
⚓ Beliebte Kneipe. *Löwenstraße 3–5, Tel. 2 59 39*

Krümel-Gay
Männer, Männer. Man bleibt am liebsten unter sich. *Salzstraße 13, Tel. 3 39 30*

Mehlwaage
⚓ Kneipe und Werkstatt der »Bildenden Künstler«, *An der Mehlwaage 8, Tel. 2 30 00*

Schwarzwälder Hof
Weinstube mit Terrasse. *Herrenstraße 43, Tel. 3 23 86 und 3 15 57*

Unverschämt
⚓ Bar, Disko, Treff. Man steht rum. *Humboldtstraße 3, Tel. 3 45 85, Mo geschl.*

Waldsee
⚓ Jazz-Wirtschaft mit Terrasse, direkt am See gelegen. *Waldseestr. 84, Tel. 7 36 88*

Theater

Alemannische Bühne, *Gerberau 15, Tel. 3 92 29*

Fabrik für Handwerk, Kultur und Ökologie, *Habsburgerstraße 9, Tel. 55 14 99*

Freie Künstlergruppe, *Alter Wiehrebahnhof, Urachstraße 40, Tel. 70 95 95*

Freiburger Theater, *Bertoldstraße 46, Tel. 3 48 74*

Theater am Eck, *Basler Straße 56, Tel. 40 26 60*

Theater am Martinstor, *Kaiser-Joseph-Straße 237, Tel. 2 35 11*

Odem-Theater, *Haslacher Straße 15, Tel. 44 18 17*

Pantomime-Studio Theater, *Rathausgasse 46, Tel. 3 38 46*

Wallgrabentheater, *Rathausgasse 48, Tel. 2 56 56*

AUSKUNFT

Flugplatz

Am Freiburger Flughafen können Chartermaschinen gebucht werden. Zubringerdienste zu den Flughäfen Basel, Straßburg, Stuttgart, Frankfurt. *Tel. 50 96 26*

Freiburg-Information

Rotteckring 14, Tel. 0761/ 3 68 90 90, 79098 Freiburg

ZIELE IN DER UMGEBUNG

Bad Krozingen

Heilbad und Kurort (11 800 Ew.) mit 40 Grad Celsius warmen, kohlesäurehaltigen Thermalquellen südlich von Freiburg. Im *Schloß* (1579) befindet sich eine sehenswerte Sammlung historischer Tasteninstrumente, *Tel. 0 76 33/37 00, nach Konzerten und Do 16 Uhr, Eintritt frei.* Unbedingt empfehlenswert

ist ein Besuch der *Glöcklehof-Kapelle* in Oberkrozingen mit ihren fast 1100 Jahren alten Fresken. (B 9—10)

Emmendingen

Große Kreisstadt (25 000 Ew.) nördlich von Freiburg, früherer Sitz der Landvögte. Aus dieser Zeit stammt das Schloß, das 1588 aus einem alten Kloster umgebaut wurde. Hier ist jetzt ein *Heimatmuseum* untergebracht. *Kirchstraße 7, 15. Mai—15. Okt. Mi 15—17 Uhr, So 10—12 Uhr, Eintritt frei.* Hübscher Stadtkern. Freunde der Eisenbahn werden ihre Freude am *Museumsbahnhof* haben, in dem alte Dampflokomotiven untergebracht sind. *Kollmarsreutherstraße, Tel. 0 76 41/ 15 03, Sa 9—12 und 13.30—17 Uhr, Eintritt frei*

In Emmendingen lebte Goethes Schwester Cornelia. Sie war hier mit dem Oberamtmann Johann Georg Schlosser verheiratet und wurde zeitweise in Schloß. Schlosser gewährte dem Dichter Jakob M. Lenz Asyl. Der Schriftsteller Alfred Döblin starb 1957 in Emmendingen.

In Maleck bei Emmendingen kocht Heinrich Will im *Park-Hotel Krone* auf. Das Perlhuhn mit Gratin müssen Sie probieren. Beste badische Weine. *Brandelweg 1, Tel. 0 76 41/84 96, Mo geschl., Kategorie 1—2* (B 8)

Ettenheim

Eine Bilderbuchstadt (9100 Ew.) nördlich von Freiburg. Fachwerkhäuser, barocke Villen, eine Barockkirche, gemütliche Weinlokale, 4 km südöstlich liegt Ettenheimmünster mit den Resten des ehemaligen Benediktinerklosters aus dem 8. Jh. (B 7)

Alter Hof im Glottertal mit blumenbuntem Bauerngarten

Glottertal

Ein besonders schönes Tal mit Schwarzwaldhöfen, Weinbergen (guter Weißherbst) – und der Schwarzwaldklinik. Ganze Busladungen umschwärmen sie und wollen partout in die Sprechstunde von dem Herrn Professor. Aber auch das kann uns den Appetit nicht verderben. Wir gehen zu Stephanie Langenbacher in den *Gasthof zum Adler* und lassen uns im Schwarzwälder Ambiente einiges auftischen, vielleicht Ochsenschwanzconsommée, dann Rinderlende mit Lauchgratin, schließlich Schokoladensoufflé mit Vanillesauce. Dazu eine Flasche Glottertäler Weißherbst. *Talstraße 11, Tel. 0 76 84/10 81, Di geschl., Kategorie 2* (C 9)

Herbolzheim

Wieder so ein Museums-Städtchen (7800 Ew.) an der Badischen Weinstraße (nördlich von Freiburg) mit einer Fachwerk-Altstadt, barocken und frühklas-sizistischen Bürgerhäusern und einem barocken Rathaus. Besonders sehenswert sind die Katholische Pfarrkirche St. Alexius (1754) mit ihrem barocken Hochaltar. (B 8)

Schauinsland

Schwarzwaldgipfel mit herrlicher Aussicht, 1284 m hoch, Hausberg der Freiburger. Eine Seilbahn führt von der Talstation Horben nach oben und überwindet dabei 750 m. Sonnenobservatorium auf dem Gipfel. (C 10)

Staufen

Sehr schöne Stadt (7400 Ew.) mit mittelalterlichem Stadtbild. 1602 fiel sie an Österreich, das sie seinerseits an die Grafen von Schaumburg verpfändete. Oben auf einem rebenbewachsenen Berg steht die Ruine von *Burg Staufen*. Sie wurde im 12. Jh. von den Zähringer Herzögen gebaut und im Dreißigjährigen Krieg zerstört. Nach dem Abstieg kehren wir in den *Löwen* ein, genießen die badische Küche und lassen uns die Legende erzählen, wie 1539 an diesem »grausigen Ort der obersten Teufel einer, der Mephistopheles, dem Doktor Faustus das Genick abgebrochen und seine arme Seele der ewigen Verdammnis überantwortet« hat. (B 10)

BREISACH

Die größte Stadt (10 000 Ew.) am Kaiserstuhl. Man schaut von einer Berganhöhe auf den Rhein hinunter. Breisach ist das Zentrum der badischen Sektherstellung. Die Sektkellereien der Stadt gehören zu den modernsten in Europa.

Die Römer bauten hier auf dem Mons Brisiacus im 4. Jh. ein Kastell. Im 11. Jh. wurde die Stadt gegründet, im 13. Jh. errichteten die Zähringer Herzöge eine riesige Burg auf dem Eckhartsberg, den man »des Heiligen Römischen Reiches Schlüssel und Ruhekissen« nannte. Um diese Festung beharkten sich Habsburger und Franzosen jahrhundertelang. Der berühmte Militärbaumeister Sebastien Vauban ließ im 17. Jh. eine noch gewaltigere Festung hochziehen, die dann 1743 wieder von den Truppen Kaiserin Maria Theresias geschleift wurde. 1793 kamen die Franzosen mit einem Revolutionsheer zurück. Die alte Bausubstanz ging dann zum größten Teil im Zweiten Weltkrieg verloren, als 80 Prozent der Häuser zerstört wurden. Nach 1945 wurde eine neue Stadt aufgebaut. (A 9)

BESICHTIGUNGEN

Münster St. Stephan
Man sieht es schon von weitem, es thront auf einem Berg über dem Rhein, eine mächtige dreitürmige, dreischiffige Basilika

Über den Reben erhebt sich die Ruine der Burg Staufen

(12.–14. Jh.) mit spätromanischen und gotischen Stilelementen. Monumentalfresken von Martin Schongauer (u. a. »Weltgericht«, um 1490) an der Westwand. Ein wunderbares Beispiel spätgotischer Schnitzkunst stellt der Hochaltar (1526) mit der Marienkrönung dar. *Münsterplatz*

Rheintor

Rest der Vauban-Festung (1670) mit einer pompösen Fassade. An einigen Stellen sind noch Mauerreste zu sehen. *Rheintorplatz 1*

MUSEUM

Breisgau-Museum
Eine Sammlung zur Ur- und Frühgeschichte der Region. *Münsterbergstraße 21, Tel. 0 76 67/ 83 20, Mo–Do 8–12 und 14–16 Uhr, Mi 14–18 Uhr, Fr 8–13 Uhr, Anmeldung im Rathaus, Eintritt frei*

RESTAURANT/HOTEL

Hotel am Münster
Ruhiges Haus auf den Festungsmauern des Münsters. Herrlicher Blick auf den Rhein und die Vogesen, in der anderen Richtung auf den Kaiserstuhl. *Münsterbergstraße 23, Tel. 0 76 67/83 80, 7.–20. Jan. geschl., Kategorie 2*

EINKAUFEN

Besuch des Badischen Winzerkellers, der größten Kellerei Europas.

SPIEL UND SPORT

Wie wär's mit einer Tour auf dem Rheindampfer oder mit dem Kaiserstuhl-Dampfzug Rebenbummler nach Riegel oder Gottenheim? *Auskünfte beim Verkehrsamt*

AUSKUNFT

Verkehrsamt
Werd 9, Tel. 0 76 67/8 32 27, 79098 Breisach

KAISERSTUHL

★ Für Weinfreunde ein klingender Name, denn hier wachsen auf Vulkangestein gute bis sehr gute weiße, rote und Weißherbstweine. In der Werbung heißt es: »Badischer Wein, von der Sonne verwöhnt.« In der Tat ist der Kaiserstuhl die wärmste und sonnenreichste Rebfläche von Deutschland. Es wurden schon Bodentemperaturen von 68 Grad Celsius gemessen. In den 70er Jahren wurden bei einer gigantischen Flurbereinigung riesige Terrassen planiert, für einige Weinexperten und Umweltschützer »ein Monument technischen Größenwahns«. (A–B 8–9)

ORTE

Bischoffingen (Vogtsburg)
Gräberfunden zufolge war das Gebiet schon vor der Jungsteinzeit besiedelt. In der ev. Pfarrkirche wurden 1909 im gotischen Chor unter Putzschichten Wandmalereien entdeckt, die u. a. den Weltbaum aus der Baarlam-Joschafat-Legende zeigen. (A 8)

Burkheim (Vogtsburg)
Malerischer Ortskern mit Fachwerkhäusern, mittelalterlicher Stadtmauer und Osttor. Die katholische Pfarrkirche *St. Pancratius* ist bereits im 10. Jh. erstmals

erwähnt und wurde im 18. Jh. barockisiert (Hochaltar 1750). Im Deckengemälde (um 1500) werden der hl. Michael und die Marter der hl. Ursula dargestellt. (A 8)

Jechtingen

Eine ehemalige römische Siedlung. Gräberfeld und Kastell wurden 1973 entdeckt und konserviert. Sehenswerte kath. Pfarrkirche St. Cosmas und Damian mit spätromanischen und frühgotischen Elementen. Über dem Ort steht die Ruine Sponeck. Die Burg wurde um 1300 gebaut und im Dreißigjährigen Krieg zerstört. Der Turm wurde — leider nicht originalgetreu — 1930 auf den Resten des alten Bergfrieds gebaut. (A 8)

Niederrotweil

Bereits 762 wurde dieser heutige Ortsteil der Verbandsgemeinde Vogtsburg erstmals als *rotvilare* schriftlich erwähnt. Aus dieser Zeit sollen auch die ersten Spuren der *Pfarrkirche St. Michael* stammen. 1157 wird dieses Gotteshaus dann auch urkundlich erwähnt. Der berühmte Schnitzaltar ist wahrscheinlich eine Stiftung des Abtes Johann III. von St. Blasien (1519–52). Herrliche Wand- und Deckengemälde aus dem 14. Jh. im Chor und im Langhaus. (A 8)

Oberbergen (Vogtsburg)

Das bekannteste der Weindörfer am Kaiserstuhl. Die Heimat der berühmten »Oberbergener Baßgeige« — und natürlich des nicht minder berühmten *Schwarzen Adlers*. Man mag darüber streiten, wer oder was bekannter ist: das Lokal oder sein Besitzer. Franz Keller, der Weinbaurebell, bewirtschaftet diesen schönen Gasthof in Vogtsburg-Oberbergen schon seit vielen Jahren. Er ist Winzer, in erster Linie — und was für einer: Kellers Weine genießen selbst bei den französischen Nachbarn hohes Renommée. Seine oft mit provokanten Formulierungen begleiteten Forderungen nach ungekünstelten durchgegorenen deutschen Weißweinen haben ihm in seiner Branche oft genug Neid, ja Haß eingetragen. Doch der Erfolg gab Franz Keller recht. Man geht in seinen *Schwarzen Adler* nicht zuletzt der Weine wegen (wobei Keller mit großem Respekt auch die großen französischen Rebsorten in nahezu unvergleichlicher Fülle und Auswahl anbietet). Zur Küche: Den Testern des »Michelin 93« war sie einen Stern wert, mehr muß dazu wohl nicht gesagt werden. Im *Adler* wird bodenständig badisch, allerdings raffiniert verfeinert, gekocht. Und man hat natürlich auch ein Herz und ein Händchen für die einfachen, deftigen Genüsse. 9 Zi. *Oberbergen, Badbergstraße 23, Tel. 0 76 62 / 93 30 10 Mi, Do geschl., Hotel: Kategorie 2, Restaurant: Kategorie 1* (B 8)

Sasbach

Der vermutlich älteste Ort am Kaiserstuhl. Schon im 1. Jh v. Chr. hatten die Kelten hier eine Siedlung. Römische Legionäre des Kaisers Augustus errichteten ein Versorgungslager. Auf dem Limberg, einem Kaiserstuhlausläufer, steht die Ruine der *Limburg*, auf der angeblich der spätere deutsche König Rudolf von Habsburg (13. Jh.) geboren wurde. (A 8)

MÜLLHEIM

Müllheim (14 000 Ew.) ist das rebenumsäumte Zentrum des Markgräfler Weinanbaugebiets. Seit 1872 wird hier jedes Frühjahr der Regionalmarkt für Markgräfler Weine veranstaltet. Johann Peter Hebel dichtete »Z'Mülle an der Post«, eine Hymne auf den Ort.

Müllheim ist ein sehr alter Ort. Die Römer legten hier schon im 2. Jh. einen Gutshof an; 758 wurde »mulinheimo« erstmals erwähnt, es gehörte zur Ortschaft Badenweiler. Seine späteren Besitzer waren die Herzöge von Zähringen, Heinrich der Löwe und Kaiser Friedrich I. und die Markgrafen von Hochberg. Im Dreißigjährigen Krieg und 1676 wurde Müllheim in Brand gesteckt. (A 10)

BESICHTIGUNGEN

Ehemalige Pfarrkirche St. Martin
Von dem Gotikbau ist nur noch der Westturm erhalten. In seinem Durchgang wurden Fresken freigelegt, die die Auferstehung der Toten am Jüngsten Tag zeigen. Der Kirchenraum wurde aufwendig renoviert, und ist jetzt ein Konzertsaal. Unter der Kirche wurden die Reste des erwähnten römischen Gutshofes gefunden. *Wilhelmstraße*

Ev. Kirche vom Ortsteil Hügelheim
Sie gehört zu den ältesten Kirchen des Markgräfler Lands, 1113 erstmals erwähnt. Romanische Turmanlage. 1934 entdeckte man im Langhaus gotische Wandmalereien. Sie stellen den Zyklus der Schöpfungsgeschichte dar.

MUSEUM

Markgräfler Wein- und Heimatmuseum
Alles über den Weinbau dieses Gebiets. *Wilhelmstraße 7, Tel. 8 72 01, April–Okt. Do 15–18 Uhr, So 10–12 Uhr, Eintritt frei*

RESTAURANTS

Alte Post
Zitieren wir Hebel: »Trink me nit e guete Wi! Goht er nit wie Baumöl i!« In der *Post* sind wir richtig. Genuß ohne Reue. 50 Zi. *An der B 3, Tel. 55 22, So und Di Mittag geschl., Kategorie 1–2*

Zum Bad
Einfache, aber geschmackvolle Küche. 9 Zi. *Badstraße 40, Tel. 38 85, Di geschl., Kategorie 3*

HOTELS

Gästehaus im Weingarten
Ruhiges Apartmenthotel. 9 Zi. *Kochmatt 8, Tel. 1 41 46, Kategorie 2*

Ochsen
Landgasthof aus dem Jahr 1763. 8 Zi. *Im Ortsteil Feldberg, Bürgelnstraße 32, Tel. 35 03, Mitte Jan. bis Mitte Feb. und 3.–17. Juli geschl., Kategorie 2*

AUSKUNFT

Städtisches Verkehrsamt
Werderstraße 48, Tel. 0 76 31/40 70, 79379 Müllheim

ZIELE IN DER UMGEBUNG

Isteiner Klotz
★ Eine bizarre Felsformation, die sich westlich von Lörrach aus der Rheinebene erhebt. Das

Dorf Istein (sehr hübsche Fachwerkhäuser) liegt zu Füße dieses Klotzes. Schon in der Steinzeit wurden die Felshöhlen bewohnt. Während der letzten Kriege wurden sie als Festungen ausgebaut und danach gesprengt. Nur noch der Sanitätsstollen ist übriggeblieben. (A 11)

Kandern

Kandern ist eine Töpferstadt (6300 Ew.). In ihrer Umgebung wurde Tonerde gefunden. Besonders sehenswertes Keramikmuseum, *Ziegelstraße 21, 31. März−30. Nov. Mi 15−17.30 Uhr, So 10−12.30 Uhr, Eintritt 1 Mark.* Die Burgruine Sausenberg nordöstlich von Kandern wurde um 1230 errichtet und bis 1315 von den Sausenberger Markgrafen bewohnt. 1678 wurde die Wehranlage von den Franzosen zerstört. (B 11)

Lörrach

Das südbadische Zentrum (41 000 Ew.) wurde im Mittelalter von der *Burg Rötteln* aus dem 11. Jh. (Ortsteil Haagen) beherrscht. Sehenswerte klassizistische Stadtkirche im Weinbrennerstil (1817) und schöne spätmittelalterliche evangelische Kirche (wertvolle Fresken und Sakramentsschrein aus dem 15. Jh.) im Stadtteil Tüllingen. Lohnenswert ist auch ein Besuch im *Museum am Burghof* in der ehemaligen Oberschule, an der einst Johann Peter Hebel unterrichtete. U. a. eine ur- und frühgeschichtliche Sammlung. *Baslerstraße 143, Tel. 076 21/41 56 13, Mi 14.30 bis 17.30 und 19.30−21.30 Uhr, Sa 14.30−17.30 Uhr, So 10−12 und 14.30−17.30 Uhr, Eintritt frei* (B 11)

Sulzburg

Die älteste Stadt im Markgräflerland mit der berühmten romanischen ★ Klosterkirche *St. Cyriak* aus dem 10. Jh. Die Krypta (Wandmalereien) und das Christi-Relief zwischen zwei Stifterfiguren über dem Turmportal sind besonders sehenswert. Gleich zwei First-Class-Restaurants gibt es in dieser kleinen Gemeinde (2700 Ew.). Beginnen wir mit dem *Hirschen*, einem prächtig renovierten Gasthof aus dem 18. Jh. Spezialität: Maultäschle vom Hummer mit Trüffel. 7 Zi. *Hauptstraße 69, Tel. 076 34/82 04, Mo, Di geschl., Kategorie 2.* Das zweite Lokal ist im Ortsteil Laufen in einem Hofgebäude von 1837: *La Vigna.* Beste italienische Küche. *Weinstraße 7, Tel. 076 34/80 14, So, Mo geschl., Kategorie 2* (B 10)

OFFENBURG

Die Industrie- und Messestadt (50 000 Ew.) ist das wirtschaftliche und kulturelle Zentrum der Ortenau. Vor allem aber ist sie Verlagsstadt, leicht ersichtlich am Namenszug auf einem Bürohochhaus: Burda. Hier werden die Zeitschriften über Mode und die schöne heile Welt produziert. Offenburg wurde im 12. Jh. am Schnittpunkt zweier ehemaliger römischer Handelsstraßen gegründet und 1235 zur freien Reichsstadt erhoben. Bei einem Einfall von französischen Truppen wurde der Ort 1689 derart zerstört, daß nur noch wenige Gebäude aus der mittelalterlichen Zeit erhalten geblieben sind. So wird der heutige Stadtkern fast ausschließlich vom Barock des 18. Jhs. geprägt. (B 4)

BESICHTIGUNGEN

Einhorn-Apotheke

Schöner Barockbau mit Volutengiebel (1722), an der Hauptstraße gelegen.

Fischmarkt

Platz mit hübschem Gebäude-Ensemble: der Löwenbrunnen (1599), die Hirschapotheke (1698) und das Salzhaus (1786).

Kapuzinerkloster

Eines der wenigen Gebäude, die das Feuer von 1689 überstanden haben. Die Anlage in der Gymnasiumsstraße wurde 1640—47 errichtet. Reizvoller Kreuzgang.

Kloster Unserer Lieben Frau

Ehemaliges Franziskanerinnen-Kloster (Lange Straße) mit einer schlichten einschiffigen Barockkirche (ab 1702). Doch im Innern: prachtvoller Hochaltar, Orgel mit Rokokogehäuse, wertvolles Chorgestühl.

Königshof

Der reichverzierte barocke Sandstein-Bau an der Hauptstraße entstand 1714—17. Er war vormals das Verwaltungsgebäude der Landvogtei Ortenau und dient heute als Polizeipräsidium.

Rathaus

1741 entstand der schöne dreigeschossige Barockbau in der Hauptstraße nach Plänen von Matthias Fuchs. Über dem Eingang das Stadtwappen und der österreichische Doppeladler.

St.-Andreas-Hospital

Bereits um 1300 wurde dieses Spital (Glaserstraße) für Arme errichtet. Im 18. Jh. wurde es barockisiert. Die Elemente der Gotik und des Barock in der Kapelle harmonieren durchaus reizvoll. Der 1982 restaurierte Spitalspeicher dient heute als Saal für Wanderausstellungen.

Stadtpfarrkirche Heiliges Kreuz

Das schönste Bauwerk Offenburgs. Von der mittelalterlichen Kirche in der Pfarrstraße blieben nur einige Mauern, die Sakristei, der Chor und das sogenannte Josefschörle übrig. Ab 1700 erfolgte der Wiederaufbau mit einem sehr schönen dreigeschossigen Barockturm. Das wertvollste Kunstwerk der reichen Kirchenausstattung ist das Relief »Ölberg« von 1524.

MUSEUM

Ritterhausmuseum

Die Sammlungen zur der Stadtgeschichte sind in einem schönen spätbarocken Palais von 1784 untergebracht. *Ritterstraße 10, Tel. 8 22 55, Di—Fr 10—13 und 15—17 Uhr, Mi 15—19 Uhr, Sa 10—13 Uhr, So 15—17 Uhr, Eintritt frei*

RESTAURANTS

Blume

In einem Fachwerkhaus des 18. Jhs., günstiges Mittagsmenü. 6 Zi. *Ortsteil Rammerweier, Weinstraße 160, Tel. 3 36 66, Mo, Di Abend geschl., Kategorie 2*

Gasthof Sonne

Schönes Wirtshaus mit empfehlenswerten offenen Weinen und einem günstigen Mittagstisch. 6 Zi. *Im Ortsteil Zell-Weierbach, Obertal 1, Tel. 0781/9 38 80, Mi geschl., Kategorie 2—3*

Le Canard

Das Gourmet-Restaurant Offenburgs. Ein Elsässer kocht hier französisch, aber wie. Günstiges Mittagsmenü. Man sitzt gemütlich in einem Gewölbekeller aus dem 17. Jh. *Hauptstraße 38 a (Eingang Ritterstraße), Tel. 07 81/7 77 27, So (ab 15 Uhr), Mo und Sa (ab 18.30 Uhr) geschl., Kategorie 1–2*

HOTELS

Dorint-Hotel

Hier steigen die Gäste der Offenburger Messen ab. Direkt am Messegelände gelegen. 130 Zi. *Messeplatz, Tel. 50 50, Kategorie 1*

Senator-Hotel Palmengarten

Ruhiges Haus, Abendessen nur für Hausgäste. 63 Zi. *Okenstraße 13, Tel. 20 80, Kategorie 2*

AUSKUNFT

Messegelände Oberrheinhalle

Messeplatz, Tel. 07 81/5 20 31

Städtisches Verkehrsamt

Gärtnerstraße 6, Tel. 07 81/8 22 53, 77652 Offenburg

ZIELE IN DER UMGEBUNG

Bühl

Idyllisch gelegenes Städtchen (24 000 Ew.) an der Öffnung des Bühler Tals zur Rheinebene hin. Mildes Klima. Vor allem im Herbst, zur Zeit des Bühler Zwetschgenfestes im September, lohnt sich ein Ausflug. Das Wahrzeichen des Ortes ist der fünfgeschossige, teilweise achteckige Rathausturm. Er stammt aus dem 16. Jh. Die benachbarte Kirche *St. Peter und Paul* ist bei weitem nicht so alt. Sie wurde im neugotischen Stil von 1873–77 erbaut. Allein wegen der herrlichen Glasmalereien in den Chorfenstern lohnt sich eine Besichtigung. (C 3)

Bühler Höhe

Luxus hat einen Namen, ganz klar: Bühler Höhe. Und was ist das? Ein Schloß? Ein Hotel? Der verstorbene Großunternehmer Max Grundig (Radios, Fernsehgeräte) steckte immerhin 180 Millionen Mark in sein Luxusobjekt *Hotel Bühlerhöhe*, ein mit allen Finessen umgebautes Schloß mit einem grandiosen Blick über das Rheintal bis zu den Vogesen. Innen ist alles vom Edelsten: die Stoffe, die Teppiche, die Tapeten, die Möbel, die Holztäfelungen. Die Preise: 250–570 Mark pro Nacht für eines der 90 Zimmer, 690–1550 Mark für eine der 14 Suiten. Dafür lustwandelt der Gast durch wilhelminischen Pomp, aufgefrischt von der dekorativen Kunst der Moderne. 250 Angestellte kümmern sich um bis zu 240 Gäste. Man speist im *Imperial* (hochgelobter Küchenchef ist der Vorarlberger Ludwig Bechter) oder im *Schloß-Restaurant* (nicht so hochgelobt), holt sich beim Golfen auf dem *putting green* einen Muskelkater, kuriert ihn in der angeschlossenen Kurklinik aus – und läßt sich auf der Beauty-Farm, angesichts der bevorstehenden Rechnung, ein Lächeln ins Gesicht massieren. (C 3) *Schloßhotel Bühlerhöhe, Schwarzwaldhochstraße 1, 758 Bühl, Tel. 0 72 26/5 50, Kategorie 1 plus. Restaurant Imperial, Anschrift wie Hotel, Tel. 0 72 26/5 51 00, mittags außer So, Mi und Do geschl., Kategorie 1 plus* (C 3)

Durbachtal

★ Herrliches Weingebiet mit dem Hauptort Durbach. Bei fast jedem Winzer kann man kaufen. Und fast überall sehr gut essen. Zwei Tips: das Gasthaus *Rebstock* in Durbach mit hervorragender badischer Küche ohne Firlefanz, *Halbgütle 256, Tel. 07 81/48 20, Mo geschl., Kategorie 2. Zum Ritter* ist das feinere Etablissement. Raffinierte Küche, trotzdem große Portionen. *Badische Weinstraße 1, Tel. 07 81/3 10 31, Mo Mittag geschl., Kategorie 1.* Nordöstlich von Durbach steht auf einem Berg die *Burgruine Staufenberg.* Der Straßburger Bischof Otto von Hohenstaufen hatte sie im 11. Jh. errichten lassen. Phantastischer Blick ins Rheintal. (B 4)

Gengenbach

★ Die ehemalige Reichsstadt (11 500 Ew.) verfügt über einen besonders schönen historischen Ortskern. Sogar Teile der mittelalterlichen Stadtbefestigung sind noch erhalten, z. B. das Kinzigtor und das Haigeracher Tor sowie der Niggelturm, in dem jetzt das Narren-Museum untergebracht ist. *Hauptstraße, April—Okt. Sa 14.30—17.30 Uhr, So 10—12 und 14.30—17.30 Uhr, Eintritt 1 Mark.* Der steinerne wappentragende *Ritter* auf dem Marktbrunnen aus dem Jahr 1582 ist das Symbol für die Reichsunmittelbarkeit der Stadt. Die Brunnenfigur ist eine Kopie — das Original steht im Heimatmuseum im Haus Löwenberg. Sehenswert ist auch die ehemalige *Abteikirche der Benediktiner,* die heutige Stadtkirche. Neben der Klosterkirche in Schwarzach gilt sie als bedeutendster romanischer Kirchenbau am rechten Oberrhein. Vom Kastellberg, dem 🌱 »Bergle«, herab hat man einen schönen Blick über die Stadt und das vordere Kinzigtal. Sehenswerte kleine Wallfahrtskapelle. (B 5)

Lahr-Reichenbach

Industriestadt (37 000 Ew.), die sich zum Teil den mittelalterlichen Charakter ihres Stadtzentrums bewahrt hat. Beachtenswert: die frühromanische Burgheimer Kirche (11. Jh.) mit Wandmalereien aus dem 15. Jh., die ev. Stiftskirche (13. Jh.), der Storchenturm, Teil einer Wasserburg aus dem 13. Jh., das Alte Rathaus (17. Jh.) *Reichenbacher Hauptstraße 18, Tel. 0 78 21/70 35, Di geschl., Kategorie 1—2* (A 5)

Lautenbach

Pilger und Kunstfreunde kennen diesen schön gelegenen Luftkurort (2000 Ew.). Sie haben das gleiche Ziel: die *Wallfahrtskirche Maria Krönung,* ein herrlicher spätgotischer Bau (1471—83). Im Innern: ein wunderbar verzierter Hochaltar mit acht Tafeln, möglicherweise wurde das Kunstwerk von Matthias Grünewald angefertigt. (B—C 4)

Oberkirch

Sehr idyllische Weinstadt (17 000 Ew.) im Renchtal mit schönen Fachwerkhäusern. 1650—67 lebte hier Jakob Christoph von Grimmelshausen, der den ersten bedeutenden Roman der deutschen Literaturgeschichte geschrieben hat: Simplicius Simplicissimus. Über der Stadt steht die Ruine der Schauenburg. Im September wird hier das »Renchtäler Wein- und Volksfest« gefeiert, eine empfehlenswerte Veranstaltung. (B 4)

Schluchsee und Titisee

*Die herrlichen Landschaftsbilder locken Wanderer und
Feriengäste in Scharen in den Hochschwarzwald*

Jede Landschaft hat ihr Image. Was fällt uns ad hoc zum Schwarzwald ein? Richtig, der Feldberg, die Kuckucksuhr, das Höllental, der Wintersport, Schluchsee und Titisee, der Olympiasieger Georg Thoma aus Hinterzarten — allesamt Attribute des Hochschwarzwalds. Eine Landschaft der geballten Klischees? Wir werden Sie auch in einsame Täler mit stillen Kirchen führen, in fast vergessene Barockklöster. Und Ihnen eine nahezu unberührte Natur — oh ja, auch das gibt es noch — zeigen: die schönste Schlucht Deutschlands, den »Grand Canyon des Schwarzwalds«.

FURTWANGEN

Endlich haben wir ihn erreicht, den Geburtsort der Schwarzwälder Uhr: 1640 setzte hier ein geschickter Handwerker den ersten Chronometer zusammen. Bis dahin hatte sich nicht sehr viel in dem kleinen Ort getan. Zwar wurde die Kirche des Wei-

Am Ufer des Schluchsees

lers Wangen, wo die Straßen von Freiburg, Donaueschingen und Triberg die Breg in einer Furt überquerten, bereits 805 urkundlich erwähnt, doch das war's dann für die nächsten Jahrhunderte. 1200 wurde der Wald gerodet, Bauern und Handwerker siedelten sich an. Und dann kam der entscheidende Tag im Jahr 1640, als hier die erste Uhr zu ticken begann. Ziemlich schnell wuchs Furtwangen neben Neustadt zu einem Zentrum des Uhrmacherhandwerks im Hochschwarzwald. 1850 wurde die erste Uhrmacherschule gegründet, die heute längst Fachhochschule ist. Und 1873 erhielt der Ort die Stadtrechte. So präsentiert sich Furtwangen heute durchaus als wichtiges Städtchen (10 000 Ew.) mit einigen beachtlichen Sehenswürdigkeiten und guten Wintersportmöglichkeiten (850 — 1150 m hoch). (D 9)

BESICHTIGUNGEN

Kath. Pfarrkirche St. Andreas
Gotisches Gotteshaus im Ortsteil Neukirch, das ab 1425 einen

MARCO POLO TIPS FÜR DEN HOCHSCHWARZWALD

1 Das Wutachtal
Die unverbrauchte Natur des »Grand Canyon des Schwarzwalds«, Heimat von Orchideen (Seite 81)

2 Das Höllental
Wanderung durch die berühmteste Schwarzwald-Schlucht (Seite 78)

3 Badenweiler
Das Mini-Baden-Baden im Süden. Und die alten Römer waren auch schon da (Seite 77)

4 Das Uhrenmuseum von Furtwangen
Es tickt und tickt. Alles über die Schwarzwald-Uhr (Seite 74)

5 Die Abtei St. Trudpert
Das stille Münstertal und ein ehemaliges Benediktinerkloster. Ein Bild wie gemalt (Seite 78)

6 Feldberg und Schluchsee
Tausendmal fotografiert — trotzdem: eine herrliche Wanderung (Seite 81)

älteren Sakralbau ersetzte. Chor und Turm wurden 1729 dem zeitgenössischen Barockstil angepaßt. Im Innern: Rokokokanzel, eine gotische Sakramentsnische im Chor sowie etliche barocke Heiligenfiguren von Matthias Faller. *Hauptstraße 17*

Kath. Pfarrkirche St. Nikolaus
Das Gotteshaus im Ortsteil Schönenbach hat seine Ursprünge im 13. Jh. Die Kirche besitzt einen romanischen Ostturm, der später einen achteckigen Spitzhelm erhielt. Ende des 15. Jhs. wurde die Kirche im gotischen Stil umgebaut, der Chor erhielt ein Kreuzgewölbe. Sehenswerte Madonna aus Sandstein (14. Jh.). *Joseph-Zähringer-Straße*

Martinskapelle
Romanische Kapelle nahe der Bregquelle. 1672 erneuert. Im Innern: eine Pieta und der hl. Martin in Holz. *Am Neuweg*

MUSEUM

Deutsches Uhrenmuseum
★ Die bedeutendste Sehenswürdigkeit der Stadt. Der Erbauer der Schwarzwald- und Höllentalbahn, Robert Gerwig, hat es im vergangenen Jahrhundert gegründet. Es zeigt ausführlich die Entwicklung der Schwarzwalduhr. Wertvolle Sammlung historischer Uhren. *Gerwigstraße 11, Tel. 65 61 17, April–Nov. tgl. 9–17 Uhr, Dez.–März auf Anfrage, Eintritt 3 Mark*

RESTAURANTS/HOTELS

Kussenhof
Ruhiger Gasthof mit guter Aussicht und Schwarzwälder Küche. 13 Zi. *Kussenhofstraße 43, Tel. 77 60, Mo geschl., Kategorie 3*

Ochsen
Hotel in der Stadtmitte mit bodenständigem Restaurant. 35 Zi.

Marktplatz 9, Tel. 20 16, 2 Wochen im Jan. und 3 Wochen im Nov. geschl., Kategorie 2—3

Zum Goldenen Raben
Wer die Abgeschiedenheit sucht, ist hier goldrichtig. Ein Haus auf 1083 m Höhe, ideal für Wanderer und Skilangläufer. 20 Zi. *Raben 7, Tel. 73 97, Kategorie 3*

AUSKUNFT

Fremdenverkehrsverein im Rathaus
Marktplatz 4, Tel. 0 77 23 / 93 91 11, 78120 Furtwangen

ZIELE IN DER UMGEBUNG

Kandel
1243 m hoher Schwarzwaldgipfel, herrlicher Blick in die Rheinebene, ins Glottertal und manchmal auch auf die Alpenkette. Der Sage nach ist hier oben der »Breisgauer Hexentanzplatz«. Heutzutage starten nur noch ganz menschliche Drachenflieger. (C 9)

St. Märgen
Klosterdorf mit Kur- und Wintersportbetrieb, auf einem Hochplateau gelegen. Ein Ort der frommen Männer, in dem es in den vergangenen Jahrhunderten ziemlich hoch herging. 1118 wurde das *Chorherrenstift der Augustiner* von den Grafen von Hohenberg gegründet. Die Mönche lagen in einer ständigen Fehde mit den Vögten. Zwei Äbte wurden ermordet, dreimal — 1430, 1560 und 1704 — brannte das Kloster ab. Von 1716—61 dauerte der Neuaufbau der Abtei, der freilich nie ganz vollendet wurde. 1806 wurde der Klosterbetrieb aufgelöst, die Abteikirche wurde zur Pfarrkirche St. Maria. Und 1907 brannte nach einem Blitzeinschlag die gesamte Anlage bis auf das ehemalige Prälatengebäude ab. Die barocke, zweitürmige Kirche wurde erneut aufgebaut. Teile der Innenausstattung konnten gerettet werden, vor allem die herrlichen geschnitzten Figuren auf dem Hochaltar, die Statuen an den Nebenaltären sowie die Kreuzigungsgruppe im Chor — Werke des Bildschnitzers Matthias Faller. Ein sehr wertvoller Kunstschatz befindet sich in der Marienkapelle: zwei Engel sind dem Gnadenbild zugeordnet, das eine sitzende Madonna zeigt. Es soll aus dem 12. Jh. stammen. (C 9)

Urach
Die kath. *Pfarrkirche Allerheiligen* steht auf einem ummauerten Friedhof mit Eckkapellen, einer Ölberggruppe (1770) und einer Kreuzigungsgruppe (um 1680). Das Gotteshaus selbst wurde im Laufe der Jahrhunderte mehrfach umgebaut: Zeugnisse der Vergangenheit sind die romanischen Fragmente (12. Jh.) im Turm mit einer barocken Zwiebelhaube, der gotische Chor und ein barockes Kirchenschiff mit bemaltem Holztonnengewölbe (1730). (D 9)

KIRCHZARTEN

Wir erreichen den Hauptort des Zartener Beckens (8500 Ew.). Kirchzarten, eingebettet in die Berge des Hochschwarzwalds, ist ein kleiner gepflegter Kurort, ideal als Stützpunkt für Wander- und Wintersportaktivitäten.

Der griechische Geograph Claudius Ptolemäus hat um 150 n. Chr. eine Siedlung namens *Tarodunum* erwähnt. Daraus entwickelte sich sprachlich Zarten. Grundmauernfunde im Ortsteil Burg weisen darauf hin, daß bereits die Römer an der Straße zwischen Breisach und Hüfingen eine Poststation hatten. Urkundlich ist festgehalten, daß 765 ein reicher Alemannen-Fürst das Hofgut Zartuna dem Kloster von St. Gallen schenkte. 1297 wurde Zarten an den Johanniterorden verkauft, der es wiederum im 15. Jh. an die Stadt Freiburg veräußerte. Nach den Wirren der folgenden Jahrhunderte – Bauernaufstand, Dreißigjähriger Krieg, französische Besetzung (17. Jh.) – kam das ehedem katholische Kirchzarten 1806 an das evangelische Großherzogtum Baden. (C 9)

BESICHTIGUNGEN

Kath. Pfarrkirche St. Gallus

Erstmals erwähnt wurde eine Kirche 816. Man glaubt, daß die ältesten Teile der heutigen Kirche aus dem 11. und 12. Jh. stammen. Sie befinden sich in den Untergeschossen des Turms sowie in einigen Teilen des Langhauses und des Chors. Das 5. Turmgeschoß ist im frühgotischen Stil gehalten, das oberste wurde zu Beginn des 16. Jhs. hinzugesetzt. Die barocke Vergrößerung erfolgte 1670. Die Stuckarbeiten und Deckenfresken (Michael Saur) stammen von 1737. Bedeutende Kunstschätze im Innern: herrlicher Barockhochaltar (1683) von Franz Hauser mit einem Bild von Mariä Himmelfahrt (Caspar Brentzinger),

Rokoko-Kanzel und Heiligenfiguren und -büsten von verschiedenen Barockkünstlern. Grabstein des Kreuzritters Kuno v. Falkenstein unter der Kreuzigungsgruppe. Die Ölberggruppe im Ostanbau schuf 1745 der Schwarzwald-Bildhauer Matthias Faller. *Am Kirchplatz*

Talvogtei

Der von den Johannitern an Freiburg verkaufte Dinghof wurde seit 1497 von den Freiburger Talvögten zu einer wuchtigen Anlage ausgebaut. Im Bauernkrieg wurde sie angezündet und zerstört, aber gleich wieder aufgebaut. Im 17. Jh. wurde die Vogtei zu einem Wasserschloß umgestaltet. *Talvogteistraße*

MUSEUM

Kienzler-Schmiede

200 Jahre alte Hammerschmiede, ein Heimatmuseum, *Dietenbachstraße, Tel. 0 76 61/3 93 50, Juni–Sept. Di, Do 14–16 Uhr und nach Vereinbarung, Eintritt frei*

RESTAURANTS/HOTELS

Fortuna

Einfaches Haus in der Ortsmitte, Sonnenterrasse, bürgerliches Restaurant. 34 Zi. *Hauptstraße 7, Tel. 51 32, Kategorie 2*

Landgasthof Reckenberg

Ruhiger Gasthof in Stegen-Eschenbach, gute Regionalküche. 3 Zi. *Reckenbergstraße 2, Tel. 6 11 12, Di, Mi Abend und Mitte Jan.–Mitte Feb. geschl., Kategorie 2*

Sonne

Ruhiges, komfortables Hotel mit Terrasse und gutem Restaurant in der Ortsmitte. 42 Zi. *Hauptstraße 28, Tel. 6 20 15, Fr, Sa Abend und Ende Okt.–Mitte Nov. geschl., Kategorie 2*

Zum Rößle

Sehr schöner, ruhig gelegener Gasthof in einem Haus aus dem Jahre 1750. 6 Zi. *Dietenbach, Tel. 22 40, Mi und Feb. geschl., Kategorie 2–3*

AUSKUNFT

Verkehrsamt
Hauptstraße 24, Tel. 0 76 61/39 39, 79199 Kirchzarten

ZIELE IN DER UMGEBUNG

Badenweiler

★ In Badenweiler (4000 Ew.) sprudeln seit Urzeiten 26,5 Grad Celsius warme Thermalquellen. Das wußten schon die alten Kelten und Römer zu schätzen. Sie bauten im 1. Jh. n. Chr. eine Badeanlage, die heute zu den besterhaltenen Thermen nördlich der Alpen zählt: 92 m lang, 33 m breit. Die Ruinen sind im Kurpark (subtropische Pflanzen) zu bewundern. *Besichtigung: Di 17 Uhr und So 10 Uhr.*

Um 1750 begann erneut der Kurbetrieb. Gebaut bzw. erweitert wurden das Großherzogliche Palais, das Lusthaus Belvedere, das Staatliche Markgrafenbad und das Kurhaus. Ähnlich wie das namensverwandte Baden-Baden zog Badenweiler die Mächtigen, Reichen und auch die Gescheiten an. Hier segneten der russische Dichter Anton P. Tschechow (1904), der letzte badische Großherzog Friedrich II. (1928) sowie die Großherzogin Hilda (1952) das Zeitliche.

Zur Kur im Neuen Markgrafenbad in Badenweiler

Kurort hin, Kurort her – zwei Adressen für die Lebenslust: Speisen sollten Sie im *Schwarzmatt, Schwarzmattstraße 6 a, Tel. 0 76 32/6 04 25,* z. B. Rinderessenz mit Spinatravioli. Dazu servieren die flinken Trachtenmädels beste Tropfen vom Kaiserstuhl und aus dem Markgräfler Land. *Kategorie 2.*

Übernachten können Sie im »Römerbad«, wo sich schon die alten Kelten wohlig suhlten. Gediegenes Haus aus der Jahrhundertwende mit prächtigem Garten, hellen, geräumigen Zimmern. Des Abends schätzt man die große Toilette. 106 Zi. *Schloßplatz 1 (wo sonst?), Tel. 7 00, Kategorie 1* (B 10)

Hinterzarten

Hinterzarten wurde zum bekanntesten Wintersportort des Schwarzwalds (2200 Ew., 850 bis 1200 m hoch) durch einen Mann: Unvergeßlich, wie der Hinterzartner Postbote Georg Thoma 1960 bei den Olympischen Winterspielen von Squaw

Valley (USA) die Goldmedaille in der Nordischen Kombination holte. Doch die Gemeinde hat mehr zu bieten als Ski alpin, Langlauf, Rodeln, Eisstockschießen. Herrlich, die Wanderwege ins Hinterzartener Hochmoor oder zum Titisee-Feldberg-Gebiet. Im Ort selbst sei ein Besuch der *Kath. Pfarrkirche Maria in der Zarten* empfohlen. Das ehemalige Wallfahrtsgotteshaus geht auf das Jahr 1416 zurück. Im 18. Jh. wurde die Kirche barockisiert (Turm mit Zwiebelhaube).

Man sollte es sich wenigstens einmal gönnen (können), im *Parkhotel Adler* zu nächtigen; es gehört in der Tat zu den besten Hotels Süddeutschlands. 73 Zi. *Kategorie 1. Adlerplatz 3, Tel. 0 76 52/12 70* (C 10)

Höllental

★ Die wohl beeindruckendste Landschaft des gesamten Schwarzwalds, fast schön bis zum Kitsch. Das Höllental liegt östlich von Kirchzarten. Schroffe Felsen und finstere Wandgipfel umschließen das enge Tal, durch das sich die Straße in Serpentinen nach oben windet. Die elektrifizierte Eisenbahn durchfährt das Höllental in neun Tunnels. Hinter Breitnau überquert sie die malerische Ravennaschlucht auf einem 222 m langen Viadukt. Wer die Ravennaschlucht durchsteigen will, sollte gut zu Fuß sein, der Wandersteig ist eng, steil und oft auch glitschig. Wanderschilder weisen auch den Weg zum Wasserfall. Achtung! In der Ravennaschlucht sollen jene Quarzzwerge wohnen, die das Geheimnis des perfekten Glasblasens hüten, raunt der Volksmund. (C 9)

Münstertal

Idyllischer kann kein Luftkurort liegen: am Fuß von Belchen und Schauinsland, im »Tal der hundert Täler«. Die Gemeinde besteht aus Mulden, Ober- und Untermünstertal. Was gibt's zu sehen? Ein Besucherbergwerk (mit Asthmastation), ein Bienenkundemuseum, die Burgruine Scharfenstein, eine Köhlerei in einem Seitental im unteren Münstertal – vor allem aber eine herrlich gelegene Abtei: das ehemalige ★ *Benediktinerkloster St. Trudpert*. Der Legende nach soll an dieser Stelle der irische Missionar Trudpert 643 mit einem Beil den Märtyrertod erlitten haben. Um 800 entstand das Benediktinerkloster. Peter Thumb baute Kirche und Klostergebäude nach Zerstörungen im Mittelalter und im Dreißigjährigen Krieg ab 1710 wieder auf, diesmal im Barockstil. Kostbare Innenausstattung (Deckengemälde, Hoch- und Nebenaltäre, Chorgestühl, Beichtstühle, Stuckarbeiten). In Untermünstertal steht die *Strohmeyer-Kapelle*, 1947 dem kath. Geistlichen Willibad Strohmeyer geweiht. Er war Pfarrer von St. Trudpert und wurde im April 1945 von der SS ermordet. (B 10)

St. Peter

Sehr gut erhaltenes ehemaliges Barockkloster der Benediktiner. Es wurde bereits 1093 als Hauskloster der Herzöge von Zähringen gegründet. Wechselvolle Geschichte während des Mittelalters (Zerstörungen, Brände), bis es dann zwischen 1724 und 1727 neu aufgebaut wurde. Barocke Wandpfeilerkirche mit Doppelzwiebelhaube und herrlichen Wand- und Gewölbemalereien im Innern. Wunderschöne Figuren von zähringer Stiftern an den Pfeilern von Joseph Anton Feuchtmayr. Der Hochaltar ist mit einem Gemälde der Marienkrönung (17. Jh.) geschmückt und trägt vier Heiligenfiguren. Die Statuen um den Taufbrunnen kommen aus der Werkstatt von Meister Matthias Faller. (C 9)

St. Ulrich

Das berühmte Cluniazenserkloster des hl. Ulrich von Zell, 1087 von Peterszell ins Möhlintal verlegt. Fast 500 Jahre blieb die Anlage unter dem Einfluß der Benediktiner von Cluny, dann wurde sie von St. Georgen, später von St. Peter verwaltet. Die barocke *Pfarrkirche St. Peter und Paul* wurde von Peter Thumb erbaut. Beachtenswerte Muttergottes-Figur aus Sandstein an der Südwand des Langhauses, bekannt als Madonna von St. Ulrich, entstanden um 1300. Im Garten der ehemaligen Propstei steht das berühmte romanische Sandstein-Brunnenbecken von St. Ulrich. Es hat einen Durchmesser von 2,59 m und wiegt acht Tonnen. Im Rund des Beckens sind die 12 Apostel und die 12 Propheten eingemeißelt. Das Kunstwerk aus dem 12. Jh. soll aus Burgund stammen und ein Geschenk der Mönche von Cluny sein. (B 10)

TITISEE-NEUSTADT

Ob man im Sommer kommt oder im Winter: Abgeschiedene Ruhe wird man in Titisee-Neustadt nicht finden. Die Doppelstadt ist das unumstrittene touristische Zentrum des Schwarzwalds. Zwei Gemeinden wurden 1971 zusammengeschlossen: hier der traditionsreiche Kurort am idyllischen Titisee, da das Städtchen Neustadt mit seiner jahrhundertealten Geschichte, ein Zentrum von Holz- und Papierindustrie.

Der einst fischreiche Titisee, ein Gletschergewässer, 2 km lang, 750 m breit und 40 m tief, zog schon im Mittelalter die Menschen an. Ende des 19. Jhs. entwickelte sich das Dorf Viertäler zu einem führenden Kurort des Hochschwarzwalds, bis es sich 1927 auch Titisee nannte.

Der Weg Neustadts durch die Vergangenheit verlief, wenn man so will, etwas dynamischer. Die Grafen Fürstenberg gründeten um 1275 im Einflußbereich des Klosters Friedenweiler die Ortschaft *nova civitas*, die später Neostadium und dann Nuwenstatt genannt wurde. 1447 erhielt der Weiler das Recht, einen jährlichen Jahrmarkt abzuhalten. Dadurch siedelten sich immer mehr Handwerker und Kleinindustriebetriebe an: Gerbereien, Mühlen, vor allem Sägewerke, Leinenwebereien, Färbereien und Goldstickereien. Heute ist Neustadt ein Industriestandort und — so widersprüchlich es auch klingen mag — Skisportzentrum und Erholungsort. Man darf sich allerdings keine Fabrikschlote mitten im Hochschwarzwald vorstellen. Der Himmel über Neustadt ist nach wie vor blau. (D 10)

BESICHTIGUNGEN

Die hier aufgeführten Sehenswürdigkeiten befinden sich allesamt im Ortsteil Neustadt.

Alte Häuser

Die Basilie-Schmiede hat die Brandkatastrophen überstanden. Sie war jahrhundertelang wichtige Station für die Pferdepost von Donaueschingen nach Freiburg. *Salzstraße*

Kath. Pfarrkirche St. Jakobus

Man nennt diese Kirche auch Münster, obwohl sie noch keine 100 Jahre alt ist. 1897 war mit dem Bau des neugotischen Gotteshauses in der Scheuerlenstraße begonnen worden. Der Marienaltar ist eine Nachbildung des Riemenschneider-Altars in Creglingen.

Rathaus

1680 wurde das erste Rathaus von Neustadt gebaut. Es brannte 1817 ab und wurde 1818 wieder aufgebaut — ein dreigeschossiges Haus mit Walmdach und Dachreiter. *Hauptstraße*

MUSEEN

Glasbläser-Ausstellung

Werkstatt mit Publikumsverkehr in Titisee. *Seestraße, Mi, Sa, So geöffnet*

Heimatstuben

In der Villa des Neustädter Uhrmachers Josef Sorg (1858) befindet sich diese kulturhistorische Sammlung. *Scheuerlenstraße 31, Tel. 10 55, 15. Mai–30. Sept. Mo bis Fr 14–17 Uhr, So 10–12 Uhr, 1. Okt.–14. Mai Do 14–17 Uhr, So 10–12 Uhr, Eintritt 2 Mark*

RESTAURANTS

Bären

Gutes, preiswertes Hotel-Restaurant (nur abends geöffnet) in Titisee. 58 Zi. *Neustädter Straße 35, Tel. 82 23, Mo geschl., Kategorie 3*

Jägerhaus

Solide Küche, gutes Preis-Leistungsverhältnis. 30 Zi. *Ortsteil Neustadt, Postplatz 1, Tel. 50 55, Mo und Nov. geschl., Kategorie 3*

Neustädter Hof

Regionale und internationale Küche. 27 Zi. *Ortsteil Neustadt, Postplatz 5, Tel. 50 25, Okt.–März So ab 14 Uhr geschl., Kategorie 3*

HOTELS

Adler Post

Romantik-Hotel in Neustadt, in einem 100 Jahre alten Haus gelegen, mit 30 liebevoll eingerichteten Zimmern. *Hauptstraße 16, Tel. 50 66, 24. März–9. April geschl., Kategorie 2*

Seehof am See

Kleines ruhiges Haus am Titisee, ohne Restaurant, aber mit schönem Ausblick. 25 Zi. *Seestraße 47, Tel. 83 17, Anf. Nov.–Mitte Dez. geschl., Kategorie 2*

Treschers Schwarzwald-Hotel

Das beste Haus am Platz. Direkt am Titisee gelegen. Im Sommer Wassersport, im Winter Eisstock- und Schlittschuhlaufbahn. 86 Zi. *Seestraße 10, Tel. 81 11, 15. Nov. bis 22. Dez. geschl., Kategorie 1*

AUSKUNFT

Kurverwaltung Titisee

Im Kurhaus, Tel. 0 76 51/81 01

Kurverwaltung Neustadt

Sebastian-Kneipp-Anlage, Tel. 0 76 51/2 06 68; 79822 Titisee-Neustadt

Feldberg

★ 🌢 Höchster Berg des Schwarzwalds: 1493 m hoch. Die Randgemeinden Feldberg, Altglashütten, Neuglashütten, Bärental und Falkau sind im Winter schon arg überlaufen. Durchschnittlich über 170 Schneetage im Jahr. Tip: Besuchen Sie doch mal Deutschlands höchstgelegene Kirche, die *kath. Pfarrkirche Christi Verklärung am Feldberg*, ein Neubau (1965) von eigenwilliger, aber interessanter Architektur. Ein Schwarzwälder Granitblock dient als Altaruntertisch. (C 10)

Schluchsee

★ 🌢 Ein herrliches Bild: eingerahmt von Bergen und Hügeln liegt blinkend der See mitten in der einsamen Natur. Eine Landschaft wie von der Ansichtskarte. Allerdings handelt es sich dabei um ein seltenes Bild: Man kann es eventuell nur im frühen Frühjahr oder späten Herbst erblicken, denn während der Sommer- und Wintersaison wuselt es hier, wie im Kurort Schluchsee, nur so von Touristen. Trotzdem: für den Autor dieses Reiseführers der schönste Schwarzwaldsee. Mit Sicherheit ist er der größte. 1929 wurde das ursprünglich nur einen qkm große Gletschergewässer aus der Würmeiszeit auf 8 km Länge, 1–1,5 km Breite und bis zu 60 m Tiefe aufgestaut. Das ebenfalls 1929 gebaute Schluchseekraftwerk bei Seebrugg (kann besichtigt werden) nutzt die 600 m Gefälle zum Hochrhein in verschiedenen Stufen für die Elektrizitätsgewinnung. (D 10)

Wutachtal

★ Neben dem Höllental die schönste Schlucht im Schwarzwald. Und das Allerschönste: nahezu unberührte Natur. »Grand Canyon des Schwarzwalds«, schwärmen Geologen und Landschaftsschützer. Die Wutach ist eine Tochter des Feldbergs, sie entspringt in 1450 m Höhe, durchfließt den Feldsee, plätschert durchs Bärental und den Titisee und kommt am anderen Ufer als Gutach heraus. Erst nach der Einmündung der Haslach heißt der ungestüme Fluß wieder Wutach. Bei Bonndorf zwängt sich das Gewässer durch die Wutachschlucht, durch bis zu 50 m hohe Kalksteinfelsen. Es gibt auch Wald im Wutachtal, er hat teilweise Urwaldcharakter. Im feuchten Treibhausklima der unteren Wutachschlucht gedeihen verschiedene Orchideenarten. Im glasklaren Wasser fischen Eisvögel, rund 600 Schmetterlingsarten haben hier ihr Exil gefunden. (E 10)

Der »Gran Canyon« des Schwarzwalds: Wutachschlucht

Heimat der Ur-Alemannen

Die Hotzenwälder Bauern stehen in dem Ruf, besonders freiheitsliebend und eigensinnig zu sein

Es geht nach Süden. Und von den höchsten Punkten, sagen wir vom Belchen (1414 m), soll man die Vogesen und sogar die Alpen sehen können. Freier Blick bis zum Montblanc? So soll es zumindest früher, vor der Luftverschmutzung, gewesen sein. Wir kommen durch finstere Täler, sehen die prächtigsten Kirchen, durchqueren den Hotzenwald, und erreichen schließlich den Hochrhein, die südlichste Grenze des Schwarzwalds. Uraltes Kulturland mit historischen Städten, die ihren ursprünglichen Kern noch zum großen Teil zu erhalten vermochten.

BAD SÄCKINGEN

Ein armer Trompeter, der tatsächlich gelebt haben soll, hat die Stadt am Oberrhein (16000 Ew.) weit über ihre Grenzen hinaus bekannt gemacht. Der Musikus kam nach Säckingen, um in der Kirche wacker zum Lobe des heiligen Fridolin zu blasen. Da verliebte er sich in ein adliges

Rathauseingang von Waldshut

Fräulein. Der Volksliederdichter Victor von Scheffel, der als Amtsrevisor von 1850 bis 1851 in Säckingen tätig war, hat die bittersüße Geschichte vom »Trompeter von Säckingen« ersonnen. Sie brachte der Stadt literarischen Ruhm — und das bedeutendste Trompeten-Museum der Welt.

Historisch verbürgt ist dagegen die Geschichte vom irischen Mönch Fridolin, der an der Wende vom 6. zum 7. Jh. auf der alten Rheininsel eine Missionszelle gründete.

Schon im Mittelalter wurde die warme Heilquelle entdeckt, doch erst 1978 erhielt Säckingen den prestigeträchtigen Titel »Bad«. (C 12)

BESICHTIGUNGEN

Alte Rheinbrücke

★ Eine in Deutschland einmalige Brückenkonstruktion: das Wahrzeichen der Stadt. Die 200 m lange, überdachte Holzbrücke führt über den Rhein auf das Schweizer Ufer von Stein (Kanton Aargau). Sie ruht auf steinernen Pfeilern aus der Zeit um 1575.

MARCO POLO TIPS FÜR DEN SÜDLICHEN SCHWARZWALD

1 St. Blasien
Die drittgrößte Kuppelkirche Europas muß man gesehen haben (Seite 89)

2 Grafenhausen
Besuch im »Hüsli«, dem Schwarzwaldmuseum von Grafenhausen (Seite 88)

3 Die Rheinbrücke von Bad Säckingen
Alte, überdachte Holzkonstruktion. Einmal über den Rhein gehen (Seite 83)

4 Waldshut
Bummel durch die romantische Altstadt (Seite 87)

5 Der Belchen
Ausflug zum dritthöchsten Schwarzwaldgipfel. Gute Aussicht — und Dokumentation des Waldsterbens (Seite 85)

6 Der Hotzenwald
Fahrt durch den herrlichen Südteil des Schwarzwalds (Seite 86)

Altstadt

Schöne alte Häuser in der Stadtmitte sowie ein ehemaliges Franziskanerkloster, Reste der Stadtmauern am Rheinufer und der runde Gallusturm (1343) im Norden. Sehenswert ist auch der Diebsturm im Süden der Stadt.

Ehemalige Stiftsgebäude

Die ehemalige Frauenabtei der Habsburger führte ihren Klosterbetrieb von 1307 bis 1806. Ihre Äbtissinnen waren Reichsfürstinnen. Ihr Sitz war der Alte Hof, ein Bauwerk aus dem 14. Jh., das im 17. Jh. barockisiert wurde. *Am Rathausplatz*

Münster St. Fridolin

Von der alten karolingischen Kirche des Frauenklosters von Säckingen (8. Jh.) ist nur die Krypta erhalten. 1343—60 wurde nach zwei Bränden mit dem Bau einer dreischiffigen gotischen Basilika begonnen. Nach einem erneuten verheerenden Brand von 1678 wurden 1703 die beiden Türme neu aufgebaut. Bei dieser Verschönerungsmaßnahme erhielten sie ihre Zwiebelhauben. 1720—30 bekamen Portal, Vorhalle und die beiden Achteckkapellen ihren barocken Charakter. So entstand im Laufe fast eines Jahrtausends eine in ihren Baustilen bemerkenswerte Kirche. Im Innern herrliche Stuckarbeiten und Gemälde, die die Fridolin-Legende darstellen. Bedeutender Kirchenschatz u. a. der silberne Fridolin-Schrein, vermutlich eine Arbeit von Gottlieb Oernster (1764). An der äußeren Chorwand befinden sich einige Grabmäler, darunter auch das des »Trompeter«-Vorbilds Franz Werner Kirchhofer und seiner Frau Maria Ursula von Schönau.

Rathaus

1815 wurde das Bauwerk als Adelspalais an der Stelle eines alten Stiftsgebäudes errichtet. Seit 1850 ist hier das Rathaus.

Schloß Schönau

Man nennt es auch Trompeter-schlößle. Der ehemalige Sitz der Amtsvögte von Säckingen soll Schauplatz des Liebesdramas »Der Trompeter von Säckingen« gewesen sein. Victor von Scheffel, der Dichter des Versepos, arbeitete hier als Amtsrevisor.

MUSEEN

Hochrheinmuseum
Vor- und Frühgeschichtliches. *Im Schloß Schönau, Di, Do und So 14 bis 17 Uhr, Eintritt 2 Mark*

Mineralienmuseum
Steinsammlung in der Villa Berberich. *Parkstraße 1, Sa 13—17 Uhr und So 15 und 18 Uhr, Eintritt 2,50 Mark*

Trompetenmuseum
Wertvollste Trompetensammlung der Welt. *Schloß Schönau, Tel. 5 13 11, Di, Do und So 14—17 Uhr, Eintritt 2 Mark*

RESTAURANTS

Fuchshöhle
Gemütliches Restaurant in einem Haus aus dem 17. Jh.. *Rheinbrückstraße 7, Tel. 73 13, So, Mo, Fastnacht und Juli jeweils 2 Wochen geschl., Kategorie 1*

Margarethen-Schlößle
Restaurant mit regionaler Küche und hübscher Terrasse. *Balther Platz 1, Tel. 15 25, Di Abend, Mi und im Jan. geschl., Kategorie 2*

HOTEL

Zur Flüh
Einfaches, sehr ruhiges Haus. *Weihermatten 38, Tel. 85 13, Kat. 2*

Trompeter von Säckingen

AUSKUNFT

Kurverwaltung
Waldshuter Straße 20, Tel. 0 77 61/ 5 13 16, 7880 Bad Säckingen

ZIELE IN DER UMGEBUNG

Belchen
★ ☀ Mit 1414 m Höhe ist der Belchen nördlich von Bad Säckingen der dritthöchste Gipfel des südlichen Schwarzwalds. Beliebtes Ziel von Wanderern und Skisportlern. Bei guten Wetterverhältnissen herrliche Sicht über die Rheinebene bis zu den Vogesen. Freunden des unbegrenzten Industriewachstums sei ein Spaziergang auf dem Waldlehrpfad bei der »Kälblescheuer« empfohlen. Er ist eine drastische Einführung in das jeweilige Stadium des Waldsterbens. (B 10)

Bernau
Malerischer Ort in einem Hochtal südlich des Feldbergmassivs.

Er besteht aus zehn kleinen Weilern. Im Ortsteil Oberlehen wurde 1839 Hans Thoma, der berühmteste Schwarzwaldmaler, geboren. Das gleichnamige Museum im Rathaus von Innerlehen zeigt Werke des großen Künstlers. Sehr beliebt bei Einheimischen wie Touristen: der Hans-Thoma-Tag, ein alemannisches Heimatfest, am zweiten August-Wochenende. *Hans-Thoma-Museum: Di–Fr 9–12 und 14–17 Uhr, Sa, So 10.30–12 und 14–17 Uhr, Mo geschl. Eintritt 4 Mark* (C 10)

Hotzenwald

★ Südlichster Teil des Schwarzwalds zwischen Bad Säckingen und Waldshut. Landschaftlich sehr reizvoll. Wer zuviel Obstwässerle getrunken hat, soll hier schon die sagenumwobenen Hotzenmännle gesehen haben, die den Hotzenwald-Bauern das fachgerechte Schnitzen von hölzernen Dachschindeln beigebracht haben. Besonders lohnende Ziele im Hotzenwald: die *Höllbachfälle* bei Görwihl (C 11), das Rosendorf *Weilheim-Nöggenschwiel* (D 11) und *Hauenstein* (C 12) bei Laufenburg/Rhein. Es ist mit einer Häuserzeile und 155 Ew. die kleinste Stadt Deutschlands. (C–D 11–12)

Schopfheim

Die Stadt (16 400 Ew.) schmückt sich besonders gern mit dem Namen des alemannischen Volksdichters Johann Peter Hebel. Er ging hier zwei Jahre lang in die Lateinschule. Schopfheim ist Fundort von römischen Mauerresten und alemannischen Steinkistengräbern aus dem 6. Jh. Bereits 1250 Stadtrechte. Besonders sehenswerte Altstadt mit der ehemaligen *Stadtkirche St. Michael* aus dem 13. Jh. 5 km nördlich von Schopfheim liegt das uralte Dorf *Hausen*, das bereits 1295 erwähnt wurde. Johann Peter Hebel wuchs hier auf einem Hof auf. Das Fachwerkhaus ist heute Dorfmuseum und Hebel-Gedenkstätte. *So 10–12 Uhr zu besichtigen*

Todtmoos

Seit dem 19. Jh. bekannter Luftkurort (2200 Ew.) für Lungenkrankheiten. Seit dem Mittelalter pilgern Ströme von Gläubigen nach Todtmoos. Die Wallfahrten führen noch heute zur Pfarrkirche St. Mariä Himmelfahrt. Ziel der Pilger ist das berühmte Gnadenbild im Hochaltar aus dem 14. Jh.. (C 11)

Todtnau

Ein bekannter Wintersportort (5300 Ew.) am Südwesthang des Feldbergs. Im 13.–15. Jh. wurde in der Gemeinde Bergbau betrieben. Nach der »Entdeckung« des Skifahrens wurde hier 1891 der erste deutsche Skiklub gegründet. Heute bietet Todtnau ausgezeichnete Skipisten (alpin und Langlauf) und Deutschlands längste Rodelbahn. (C 10)

WALDSHUT-TIENGEN

Eigentlich sind es zwei traditionsreiche Grenzstädte am Hochrhein, die erst 1975 zu einer Gemeinde (21 700 Ew.) zusammengelegt wurden. Nehmen wir Tiengen: Sein Gebiet wurde bereits in der Jungsteinzeit besiedelt, außerdem wurden keltische, römische und alemannische Funde gemacht. 858 die erste urkundliche Erwähnung des Ortes, 1128 erhielt Tiengen Stadtrechte. Der hl. Bernhard von Clairvaux, damals vor dem Papst der mächtigste Mann der Kirche, rief 1146 auch in Tiengen zum Zweiten Kreuzzug auf. Zeitweilig war die Stadt im Besitz der Eidgenossen, dann wieder Hauptstadt des Klettgaus. 1687 fiel sie an die Fürsten von Schwarzenberg und 1806 an Baden.

Waldshut hat eine ähnlich bewegte Geschichte. Vermutlich stand hier schon in karolingischer Zeit eine kaiserliche Burg. In den Dokumenten taucht es 1108 erstmals als *Oppidum Walzhuet* auf. Das Geschlecht der Zähringer erweiterte die Siedlung zur Stadt, bevor sie im 13. Jh. an die Habsburger fiel. Im weiteren Verlauf des Mittelalters gehörte Waldshut sogar zum burgundischen Großreich. 1524 brachen hier und in der Umgebung die Bauernaufstände los. Im Dreißigjährigen Krieg wurde Waldshut von den Franzosen besetzt. 1806 kam die Stadt an Baden.

BESICHTIGUNGEN

Altstadt von Tiengen
Mittelalterliches Stadtbild. Es sind noch etliche Gebäude im Stil der Spätgotik und der Renaissance erhalten, z. B. das Gasthaus *Zum Hirschen* (16. Jh.), das Alte Haus (1552), das Haus mit Marienerker (16. Jh.) und das Schnitzer-Haus (1503).

Altstadt von Waldshut
★ Sehenswerte Gebäude in der Stadtmitte: Haus zur Tauben (1569), das Haus zum Wilden Mann, das Kornhaus und das Roll'sche Haus (alle 18. Jh.).

Friedhofskapelle Allerheiligen
Eine Bürger-Stiftung von 1683 in Tiengen. Besonderheit: Sie besitzt keinen Hochaltar, sondern eine Nachbildung des Heiligen Grabes in Jerusalem. Gemälde auf den barocken Nebenaltären. Neben der Kapelle eine Kreuzigungsdarstellung von 1658. *Berghausstraße*

Katholische Pfarrkirche Liebfrauen
Das Waldshuter Gotteshaus ist ursprünglich eine gotische Kirche, deren Chor beim klassizistischen Umbau um 1804 mit einbezogen wurde. *Marienstraße*

Katholische Pfarrkirche Mariä Himmelfahrt
Barocke Wandpfeilerkirche (1753) im Ortsteil Tiengen. Der ältere gotische Turm wurde mit einbezogen und mit einer Zwiebelhaube gekrönt. Sehr schöne Gewölbefresken von Eusebius Gabriel (1760). *Am Kirchplatz*

Oberes und unteres Tor
Beide Stadttore sind wie der Ketzerturm und der Turm »Luginsland« Reste der mittelalterlichen Stadtbefestigung von Waldshut und stammen teilweise aus dem 13. Jh. *Kaiserstraße*

Rathaus (Tiengen)
Ursprünglich ein spätgotisches Gebäude, das im 15. Jh. erneuert wurde. 1828 erhielt es eine klassizistische Fassade. *Hauptstraße*

Schloß von Tiengen
An seiner Stelle standen im Mittelalter mehrere Burgkomplexe, die 1571 von den Sulzer Landgrafen zu einem neuen Schloß zusammengefügt wurden. *Kirchplatz*

Storchenturm

Rest der mittelalterlichen Stadtmauer von Tiengen. Der untere Rundturm stammt aus dem 13. Jh., der viereckige Holzaufbau mit seinem pyramidenförmigen Dach aus dem 15. Jh. *Weihergasse*

MUSEEN

Heimatmuseum

Sammlung im alten Schlachthaus von Waldshut. *Alte Metzig, April—Okt. Mi und So 14—16 Uhr, Eintritt frei*

Klettgau-Museum

Historische Sammlung in Tiengen. *Kirchplatz, April—Okt. Mi 14—16, So 11—12 Uhr, Eintritt frei*

RESTAURANTS/HOTELS

Adler

Historischer Gasthof aus dem 16. Jh. im Tiengener Nachbarort Oberlauchringen (4 km südöstlich). Solide Küche. 9 Zimmer. *Klettgaustraße 20, Tel. 07741/24 97, Do geschl., Kategorie 3*

Brauerei Walter

Gemütlicher Gasthof mit modernem Hotelanbau in Tiengen. 26 Zi. *Hauptstraße 23, Tel. 45 30, Restaurant So geschl., Kategorie 2 (Hotel), 3 (Restaurant)*

Waldshuter Hof

Bestes Haus am Platz. 23 Zi. *Kaiserstraße 56, Tel. 20 08, So Nachmittag und Mo geschl., Kategorie 2*

AUSKUNFT

Städtisches Verkehrsamt

Waldshut im Oberen Tor, Tel. 07751/16 14, 79761 Waldshut-Tiengen

ZIELE IN DER UMGEBUNG

Grafenhausen

★ Bilderbuchschöner Schwarzwaldort (1950 Ew.) mit dem malerischen Haus des edlen »Prof. Brinkmann«. In Wahrheit ist es das Heimatmuseum »Hüsli«, das Schwarzwälder Volkskunst ausstellt und nun nach der TV-Serie von über 100 000 Besuchern im Jahr heimgesucht wird. *Tel. 07748/2 12, Di—Sa 9.30—12 und 13.30—17.30 Uhr, So und Feiertage (außer Nov. und Dez.) 13.30 bis 17.30 Uhr, Mo geschl., Eintritt 2,50 Mark* (D 10)

Häusern

Wenn der Schnee den Wintersport- und Luftkurort dick eingemummelt hat, ist es in Häusern (1300 Ew.) am schönsten — und am gemütlichsten. Man kann sogar unter Flutlicht die Piste hinunterfegen. Und sich dann per Pferdeschlitten in den *Gasthof Adler* kutschieren lassen. Seit über 100 Jahren ist er im Besitz der Familie Zumkeller — ein Hotel mit Atmosphäre und ein Sterne-Lokal, in dem man länger verweilen möchte. 44 Zi. *St. Fridolin-Straße 15, Tel. 07672/41 71; Mo, Di und Mitte Nov.—Mitte Dez. geschl., Kategorie 2* (D 11)

St. Blasien

★ Sollte es eine Drei-Sterne-Wertung für Städte und Ortschaften geben — St. Blasien hätte sie mit Sicherheit verdient. Man blickt von den Bergen hinab ins Hochtal der Alb und auf einen relativ kleinen Kurort (4300 Ew.), in dessen Mitte eine weitläufige Klosteranlage mit einem riesigen Kuppelbau steht. Die Benediktiner-Abtei gehörte

Der frühklassizistische Dom des Klosters St. Blasien

einst zu den bedeutendsten deutschen Klöstern. Bereits im 8. Jh. ließen sich hier Einsiedler nieder, schlossen sich dem Kloster Rheinau an und nannten ihre Niederlassung *cella Sancti Blasii*, nachdem sie die Oberarm-Reliquie des hl. Blasius erhalten hatten. Zu ihnen gesellte sich später Ritter Reginbert von Seldenbüren, ein Feldherr aus dem Heer Kaiser Ottos I. Er war ein vermögender Mann und steckte sein Geld in die Einsiedelei der frommen Männer. Allmählich entstand ein Kloster, das 983 eine eigenständige Abtei wurde. So begann die Geschichte des entlegenen St. Blasien als ein Hort der Kunst und Wissenschaft. Im Mittelalter hatte die Abtei viele Prüfungen zu überstehen: 1322 einen Brand, 1526 den Überfall der aufständischen Bauern, 1600 die Pest, 1634 die Eroberung durch die Schweden. Unter Abt Franz Schächtelin aus Freiburg wurde

ab 1730 die Anlage im heutigen Umfang wiederaufgebaut. 1746 wurde Abt Franz II. zum Fürstabt erhoben. Er war damit nicht nur geistlicher, sondern auch weltlicher Herr im gesamten südlichen Raum. Unter Abt Martin II. Gerbert, einem Vorkämpfer auf sozialem Gebiet, erreichte die Abtei ihre größte Blüte. 1768 zerstörte erneut ein Feuer das Kloster. Sofort plante der Fürstabt den Neuaufbau — größer und herrlicher als je zuvor. Als der Dom St. Blasien 1783 eingeweiht wurde, war er die drittgrößte Kuppelkirche Europas (Kuppelhöhe: 72 m).

Der Innenraum, 35 m hoch, wird von einem herrlichen Deckengemälde geschmückt. Den Abschluß des Mönchschores bildete eine große Silbermann-Orgel (1944 zerstört). In St. Blasien ist seit 1947 ein renommiertes Jesuiten-Internat untergebracht. (D 10/11)

Von Auskunft bis Wintersport

Adressen und Tips für Ihre Schwarzwaldreise

Fremdenverkehrsverband Schwarzwald
Postfach 16 60, 79016 Freiburg im Breisgau, Tel. 07 61/3 13 17

Landesfremdenverkehrsverband Baden-Württemberg e. V.
Prospektservice, Postfach 4 20, 72250 Freudenstadt, Tel. 0 74 43/31 81

ANGELN

In den Bächen, Flüssen und Seen des Schwarzwalds tummeln sich zahlreiche Fische: Forelle, Saibling, Äsche, Hecht, Zander, Aal, Karpfen, Barsch, Schleie, Felchen, Döbel, Rotaugen etc. Der Fremdenverkehrsverband Schwarzwald in Freiburg gibt kostenlos eine Broschüre heraus, in der die Bestimmungen für die einzelnen Gewässer aufgelistet sind.

BAHN

Die Deutsche Bundesbahn veranstaltet im Rahmen ihres Sonderprogramms »Städtetouren« Bahnfahrten mit Übernachtungen nach Baden-Baden, Baiersbronn, Bad Herrenalb, Freudenstadt, Freiburg, Triberg und Bad Wildbad. Zwei Autoreisezüge enden in Karlsruhe-Durlach (aus Hamburg, Berlin, Köln) bzw. in Lörrach (aus Hamburg, Hannover, Berlin, Bremen, Düsseldorf und Köln). Gleich eine ganze Reihe von nostalgischen Museumsbahnen dampfen durch den Schwarzwald. Die »Achertalbahn« fährt von Achern nach Ottenhöfen (Tel. 0 78 42/22 31), die »Albtalbahn« von Karlsruhe-Ettlingen nach Bad Herrenalb (Tel. 07 21/ 84 81 09), die Museumsbahn Wutachtal (»Sauschwänzlebahn«) von Blumberg nach Weizen (Tel. 0 77 02/51 27) der Kaiserstuhler Dampfzug »Rebenbummler« von Riegel nach Breisach (Tel. 0761/27 26 88 oder 0 76 41/15 03) und die Kandertalbahn (»Chanderli«) von Kandern nach Basel (Tel. 0 76 26/ 70 29 oder 70 57).

BEHINDERTE

Der Fremdenverkehrsverband Schwarzwald gibt einen Sonderprospekt »Behindertenfreundliche Häuser« über Hotels, Pensionen etc. heraus. Er kann kostenlos angefordert werden.

BERGBAHNEN

Baden-Baden: Standseilbahn zum Merkur; Freiburg: Seilschwebebahn zum Schloßberg; Freiburg/Horben: Kabinenbahn zum Schauinsland; Bad Wildbad: Standseilbahn zum Sommerberg.

BUSTOUREN

Zahlreiche Fremdenverkehrsorte des Schwarzwalds bieten Bustouren ins benachbarte Straßburg, nach Zürich oder zur Hohenzollern-Burg an. Daneben gibt es einen Schwarzwald-Bus-Paß für den Bereich des nördlichen Schwarzwalds und der Südpfalz. Er gilt sieben Tage. Informationen bei: *Bahnbus Nordschwarzwald/Südpfalz, Amalienstraße 4 b, 76133 Karlsruhe, Tel. 0721/1 34 59 45.* Den gleichen Paß gibt es auch für den Bereich: Südlicher Schwarzwald/Westliches Bodenseegebiet. Informationen bei: *Geschäftsbereich Bahnbus, Bismarckallee 2 a, 79098 Freiburg, Tel. 0761/21 43 51*

CAMPING

Im Schwarzwald gibt es rund 90 Campingplätze. Nähere Informationen im: *Katalog Camping Baden-Württemberg, Landesfremdenverkehrsverband, Postfach 10 29 51, 70025 Stuttgart 1, Tel. 07 11/23 85 80* oder bei: *Landesfremdenverkehrsverband, Prospektservice, Postfach 4 20, 72250 Freudenstadt*

FAHRRAD

Von April bis Ende Oktober bieten die meisten Schwarzwald-Bahnhöfe Fahrräder zum Verleih an (Kosten 10–12 Mark pro Tag/Bahnreisende zahlen die Hälfte). An den Bahnhöfen sind auch Tourenvorschläge erhältlich. Für Naturfreunde mit besserer Kondition bieten sich die zahlreichen Radrundstrecken des Schwarzwalds an. Informationen beim *Fremdenverkehrsverband Schwarzwald in Freiburg*

GOLF

Im Gebiet des Schwarzwalds liegen mehrere Golfplätze mit unterschiedlicher Lochzahl. Sie sind in: Baden-Baden, Badenweiler (18 Löcher), Bad Herrenalb (9), Bad Liebenzell, Donaueschingen (18), Freudenstadt (9), Gutach/Breisgau (9), Kandern (9), Kirchzarten (18), Lahr, Rastatt (9), Mönsheim (18), Rickenbach (9) und Stühlingen.

HEILBÄDER/HEILKLIMATISCHE KURORTE

Der Schwarzwald ist die wohl bekannteste deutsche Kurortlandschaft. Sein Klima ist berühmt für seine wohltuende bzw. heilende Wirkung. Informationen über die wichtigsten Heilbäder bei: *Heilbäderverband Baden-Württemberg, Postfach 753, 79007 Freiburg, Tel. 07 61/3 13 17*

JUGENDHERBERGEN

33 Jugendherbergen sorgen im Schwarzwald für preisgünstige Übernachtungsmöglichkeiten.

Voraussetzung ist allerdings der Besitz eines gültigen Ausweises des Deutschen Jugendherbergswerks (DJH) für Junioren (bis 26 Jahre) oder Senioren (ab 27 Jahre). Informationen und Ausweise beim *DJH Landesverband Baden, Weinweg 43, 76137 Karlsruhe, Tel. 07 21/9 62 10-0*

KLIMA

Mit einer Jahresdurchschnittstemperatur von zehn Grad gilt der Schwarzwald als die wärmste Region Deutschlands. Die Sommer sind in der Regel sehr sonnenreich mit Temperaturen bis über 30 Grad, der Frühling kommt (besonders in der Rheinebene) frühzeitig und gilt als sehr mild, und im Winter verwandeln die Schneefälle die Höhen des Schwarzwalds in ein Ski- und Rodelparadies. In diesen Höhen zwischen 1000 und 1500 m herrscht auch das Reizklima, das so viele Krankheiten lindert oder gar heilt.

NATURFREUNDEHÄUSER

Sie bieten eine weitere Art, zünftig und preisgünstig im Schwarzwald zu übernachten. Sie kommen hauptsächlich für Wanderer in Frage, denn die meisten dieser Häuser liegen irgendwo idyllisch in der freien Natur. Gäste müssen sich vorher schriftlich anmelden. Informationen bei: *Touristenverein »Die Naturfreunde«, Landesleitung Baden, Schützenstraße 12, 76137 Karlsruhe*

NOTRUF

Polizei: 1 10
Feuerwehr: 1 12

REITEN

Informationen über Reiterhöfe, Reiterferien, Ställe, Schulen und Vereine im Sonderprospekt des Fremdenverkehrsverbands Schwarzwald in Freiburg.

SCHIFFSTOUREN

Neben den Bootstouren auf den Seen des Schwarzwalds sind vor allem längere Dampferausflüge auf dem Rhein von Bad Säckingen (Tel. 07761/5 13 16), von Karlsruhe nach Speyer, Worms, Iffezheim und Straßburg (Tel. 07 21/59 91) und von Kehl aus (Tel. 07 2 27/27 57) sowie mit der Weißen Flotte von Konstanz auf dem Bodensee (Tel. 07531/28 13 72) möglich.

TRINKGELD

In Restaurants und Landgasthöfen zahlt man üblicherweise zwischen fünf und zehn Prozent der Rechnung. Wenn Sie sehr zufrieden waren, sollten Sie auf zehn Prozent aufrunden. Hoteldiener bekommen zwischen 1 und 2 Mark pro Gepäckstück, Zimmermädchen bei der Abreise je nach Wohndauer zwischen 5 und 10 Mark.

WANDERN/WANDERHEIME

Ein besonders empfehlenswerter Urlaub auf den herrlichen Wegen des Schwarzwalds bietet das Wandern ohne Gepäck. Sie marschieren unbeschwert von einer Station zur anderen — das Gepäck ist bereits dort. Zur Zeit werden zehn solcher Strecken angeboten. Nähere Informationen beim Fremdenverkehrsverband Schwarzwald in Freiburg. Für Wanderfreunde bietet der Schwarzwaldverein 26 Wanderheime zum Übernachten an. Sie sind billiger als etwa ein Hotel oder eine Pension, bieten auch weniger Komfort. Oft erwartet den Gast nur ein Matratzenlager. Schlafsack oder Bettwäsche muß er auch mitbringen (oder leihen). Nachtruhe herrscht von 22–7 Uhr. Das heißt die Bedingungen sind etwas für Freunde von Jugendherbergsatmosphäre. Auch ist eine schriftliche Anmeldung notwendig (Rückporto beilegen), beim *Schwarzwaldverein, Hauptgeschäftsstelle, Rathausgasse 33, 79098 Freiburg*

WINTERSPORT

Der Schwarzwald hat alle Wintersportarten zu bieten. Am schneesichersten ist erfahrungsgemäß das Feldberggebiet. Nähere Informationen beim Fremdenverkehrsverband Schwarzwald in Freiburg. Über die Wintersportbedingungen informiert Sie das Schnee-Telefon für den Gesamt-Schwarzwald (Tel. 0761/11600), den Nordschwarzwald (Tel. 07231/17929), die Hochstraße (Tel. 07226/296), den Mittleren Schwarzwald (Tel. 07722/6033) und den Südschwarzwald (Tel. 07676/1214).

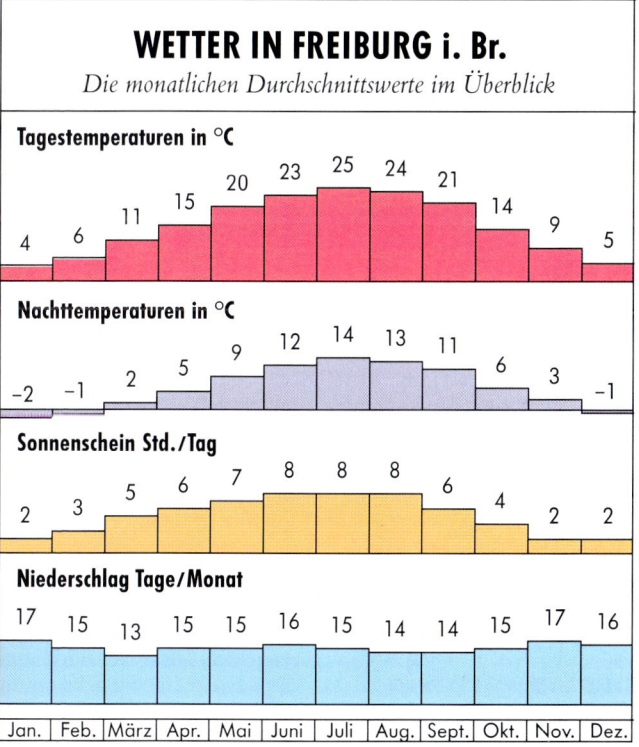

WETTER IN FREIBURG i. Br.

Die monatlichen Durchschnittswerte im Überblick

Tagestemperaturen in °C

Jan.	Feb.	März	Apr.	Mai	Juni	Juli	Aug.	Sept.	Okt.	Nov.	Dez.
4	6	11	15	20	23	25	24	21	14	9	5

Nachttemperaturen in °C

Jan.	Feb.	März	Apr.	Mai	Juni	Juli	Aug.	Sept.	Okt.	Nov.	Dez.
–2	–1	2	5	9	12	14	13	11	6	3	–1

Sonnenschein Std./Tag

Jan.	Feb.	März	Apr.	Mai	Juni	Juli	Aug.	Sept.	Okt.	Nov.	Dez.
2	3	5	6	7	8	8	8	6	4	2	2

Niederschlag Tage/Monat

Jan.	Feb.	März	Apr.	Mai	Juni	Juli	Aug.	Sept.	Okt.	Nov.	Dez.
17	15	13	15	15	16	15	14	14	15	17	16

Bloß nicht!

Einige Regeln sollten Sie beachten — in Ihrem eigenen Interesse und mit Rücksicht auf die Gastgeber

Gipfelsturm

Gehen Sie sparsam mit Ihren Kräften um, muten Sie Ihrem Körper nicht zu viel zu. Auf keinen Fall sollten Sie sich gleich am ersten Urlaubstag den höchsten Berg für Ihre Wandertour vornehmen, Ihre Kondition muß erst allmählich wachsen. Fangen Sie »klein« an.

Rauchen im Wald

An und für sich eine jedem geläufige Regel. Doch sie wird laufend verletzt, deswegen nochmal: Kein Feuer beim Wandern, auch nicht im Wald rauchen. Jedes Jahr entstehen Brände wegen dieser Unachtsamkeit.

Vorsicht Dirndl!

Die Schwarzwälder sind geduldige Menschen, trotzdem kann ihnen der Geduldsfaden reißen, wenn man x-ten Mal ihre Trachtenkleider als »Dirndl« bezeichnet oder den Bollenhut als Bommelhut. Touristen tun auch gut daran, frisch gekaufte Bollenhüte nicht gleich bei jeder Gelegenheit aufzusetzen. Oder wollen Sie wie ein Pfingstochse durch die Gegend laufen?

Kuckucksuhr made in Taiwan

Vorsicht beim Kauf von Kuckucksuhren! Viele sind Billigprodukte aus Fernost. Nur in richtigen, ausgewiesenen Uhrengeschäften kaufen. Das ist teurer, erspart aber viel Ärger.

Nachäffen!

Jeder Menschenschlag wird sauer, wenn man sich über seinen Dialekt lustig macht. Also bitte nicht das Alemannische-Badische-Schwäbische nachäffen, auch wenn es Ihnen manchmal noch so unverständlich ist.

Promille-Fahrt

Das Mittagessen im badischen Restaurant war mal wieder sehr opulent, die Weine ausgezeichnet, und erst die Obstschnäpse . . . Nun rein ins Auto und ab zum nächsten Etappenziel. Halt! Lassen Sie den Wagen stehen, die Schwarzwaldkurven sind auch so gefährlich genug. Außerdem kontrolliert die badische Polizei regelmäßig.

Dicke Schinkenscheiben!

Wenn Sie im Wirtshaus den Speck oder Schinken selbst runtersäbeln wollen, dann brauchen Sie ein scharfes Messer, ein Holzbrett und ein bißchen Fingerspitzengefühl. Dicke Scheiben sind verpönt, der Geschmack kommt erst bei hauchdünnen Scheiben richtig durch.

In diesem Register sind die wichtigen Orte und besondere Sehenswürdigkeiten verzeichnet

Was bekomme ich für mein Geld?

 Der Schwarzwald gehört zu den beliebtesten deutschen Familienreisezielen. Das heißt: Die Preise sind bezahlbar. Natürlich haben Sie in einem Hotel der Kategorie 1 und in einem Feinschmecker-Restaurant mit wesentlich höheren Rechnungen zu kalkulieren als in einem einfachen Gasthof. Bei der herausragenden Qualität der Schwarzwälder Gastronomie ist die Versuchung des übermäßigen Geldausgebens natürlich sehr groß.

Die Preise für ein Glas offenen Weins schwanken (je nach Qualität und Lokal) zwischen 4 und 7 Mark. In einem einfachen Wirtshaus können Sie ein Mittagsmenü schon ab 18 oder 19 Mark bekommen. Die Tasse Kaffee kostet zwischen 2 und 4 Mark. Übernachtungen in kleinen Pensionen gibt es schon ab 40 Mark incl. Frühstück.

Freiburg bietet als besonderes Schmankerl das Freiburg-Rendezvous ab 67 Mark (Stand: Sommer 93) an. Es enthält neben einer Hotelübernachtung auch ein 24-Stunden-Ticket für öffentliche Verkehrsmittel und eine Reiserücktrittsversicherung. Ab 156 Mark (Stand: Sommer 93) kostet das Wochenend Rendezvous mit zwei Übernachtungen, 48-Stunden-Ticket, Stadtführung, Gutscheinheft und Begrüßungsgeschenk. Wer was für seine Gesundheit tun möchte, kann ab 414 Mark die Freiburger Gesundheitstage buchen, mit drei Übernachtungen in einem Komfort oder First-Class-Hotel, Massagen Badetherapien etc.

Bei Kauf von Weinen und Obstbränden sollten Sie immer darauf achten, daß diese Produkte natürlich beim Erzeuger — in Winzergenossenschaften und lizensierten Brennereien — stets preiswerter sind als in teuren Fachgeschäften in Freiburg oder Baden-Baden Schwarzwälder Schinken oder Speck bekommen Sie, in Metzgereien oder auf Märkten, ab 3,50 Mark pro 100 g.

In Freiburg lohnt es sich auf alle Fälle, das Auto stehen zu lassen. Die Umweltkarte der Verkehrsgemeinschaft Freiburg (für 56 Bus- und 8 Bahnlinien) kostet nur 24 Mark (60 Punkte). Außerdem ist sie auch noch übertragbar!

Das Schwarzwälder Bauernbrot ist aus Sauerteig, frisch aus dem Holzkohlenofen schmeckt es am besten